Rotfuchs

PHILIP KERR

FRIEDRICH *der* GROSSE DETEKTIV

Vignetten von Regina Kehn

Aus dem Englischen
von Christiane Steen

Rotfuchs

2. Auflage März 2022
Veröffentlicht im Rowohlt Taschenbuch Verlag,
Hamburg, Februar 2020

Lektorat Kristina Knöchel
Covergestaltung any.way, Barbara Hanke/Cordula Schmidt
Coverabbildung Regina Kehn
Satz aus der Dolly
bei Dörlemann Satz, Lemförde
Druck und Bindung GGP Media GmbH, Pößneck, Germany
ISBN 978-3-499-00070-6

Inhalt

Mit Dank an C. S.

Prolog

(Berlin 1945)

Es war ein sonniger, kalter Tag in Berlin. Hunderte von Flugzeugen flogen über den blauen Himmel und durchschnitten die Luft mit ihrem monotonen, metallischen Dröhnen. Ihre Motoren hinterließen lange Kondensstreifen, die aussahen wie Luftschlangen; doch für die beiden Männer am Boden waren sie kein schöner Anblick, denn es waren amerikanische B-17-Bomber, und ihre Ziele waren die Regierungsgebäude im Osten der deutschen Hauptstadt.

In der Ferne konnten die zwei Männer auch das klagende Geräusch der Sirenen hören, die sie aufforderten, schnellstmöglich den nächsten Luftschutzbunker aufzusuchen. Doch keiner von beiden hatte die Absicht, dieser Aufforderung nachzukommen. Sie kannten die Abläufe nur zu genau: Die B-17-Bomber griffen tagsüber an, weil sie bei Tageslicht spezielle Ziele ausmachen konnten; die British Royal Air Force kam nachts und zerbombte alles, was sie konnte.

Für den Moment glaubten die beiden Männer deshalb hier im Westen der Stadt, auf dem alten Friedhof von Wilmersdorf, relativ sicher zu sein. Außerdem hatte einer der Männer nur noch wenig Zeit, bevor er Berlin für immer verlassen würde, und er wollte noch das Grab eines alten Freundes besuchen, bevor die Russen die Stadt besetzten. Wer konnte schon sagen, was dann passieren würde? Der Mann fröstelte bei dem Gedanken in seinem Ledermantel und warf einen schnellen Blick auf seine Uhr. Seine Freunde warteten in einem Auto neben den Friedhofstoren. Sie wollten so schnell wie möglich abfahren und waren keineswegs begeistert gewesen, als er auf diesen kleinen Abstecher bestanden hatte.

«Es geht hier entlang», sagte der andere Mann. Er hatte nur noch einen Arm und eine schreckliche Narbe im Gesicht. Beides war der Lohn für seine Militärdienste beim Russlandfeldzug 1941. «In der alten Kapelle. Man muss natürlich ein bisschen suchen. Es ist wie überall in der Stadt – die Namen der Wege bedeuten nichts mehr. Schwer zu sagen, wo der eine Weg aufhört und der andere anfängt.»

Wie alle anderen Gebäude in Berlin war auch die Friedhofskapelle von Wilmersdorf beinahe ebenso schwer beschädigt wie der einarmige Mann, und sie mussten um Bombenkrater herumgehen und über zerbrochene Grabsteine steigen. Berlin war nur noch eine riesige Ruine; Deutschland hätte schon vor Monaten kapitulieren müssen, doch da das nicht geschehen war, schien die vollständige Zerstörung der Hauptstadt unausweichlich.

«Natürlich wird hier jetzt niemand mehr beerdigt», erklärte der einarmige Mann und lachte bitter. «Jedenfalls nicht absichtlich ... wenn Sie wissen, was ich meine. Mich überrascht es jedenfalls nicht, dass es hier schon seit langem keine freien Grabstätten mehr gibt. Jetzt werden nur noch Urnen mit der Asche der Verstorbenen angenommen.»

«Ja, ich weiß», sagte der Mann im Ledermantel. «Ich bin hier früher oft gewesen. Damals kannte ich mich auf diesem Friedhof noch gut aus. Aber jetzt nicht mehr. Nicht, seitdem Berlin bombardiert wird.»

Der einarmige Mann sah nervös zum dröhnenden Himmel hinauf. «Wenn Sie mich fragen, dann werden wir bald alle hier enden. Dafür werden die Russen schon sorgen. Sie haben schon einen Arm von mir. Und ich schätze, es wird nicht lange dauern, bis sie sich den anderen holen.» Er lächelte über seinen eigenen Scherz, der wie so viele Scherze einen großen Teil Wahrheit enthielt. Denn es gab keinen Zweifel daran: Die anstehende Schlacht gegen die Russen würde bis zum letzten Mann geführt werden. So lauteten Adolf Hitlers Befehle. Wenn es nach ihm ging, würde Deutschland niemals kapitulieren. «Jedenfalls liegt er hier. Ich komme fast jeden Tag und besuche ihn.»

Sie hatten eine lange Mauer erreicht, die mit Hunderten von viereckigen Tafeln bedeckt war. Der einarmige Mann zog einen Lumpen aus seiner Manteltasche und wischte den Bombenstaub vom Stein. Die Luft war voll davon. Seit 1943 glich Berlin einer einzigen Baustelle. Manchmal lag so viel Staub in der Luft, dass man ihn schmecken konnte. «Dann putze ich ihn ein bisschen. Damit er hübsch aussieht.»

Der Mann im Ledermantel antwortete nicht. Auf jeder Tafel standen ein Name und ein paar Daten. Alles war schlicht und auf den Punkt. Die Tafeln glichen Büchern im Schaufenster einer Buchhandlung, dachte der Mann im Ledermantel, was nur passend schien, denn es war die Liebe zu Büchern gewesen, die ihn und seinen alten Freund zusammengebracht hatte; doch nun befand sich hinter jedem Namen eine Urne mit der Asche eines verstorbenen Menschen. Hier und da hing neben dem Namen und den beiden Daten auch eine kleine Metallvase an der Tafel, in die man eine Blume hineinstellen konnte, doch der Mann im Ledermantel hatte keine Blume mitgebracht. Er hätte auch nicht gewusst, wo er eine hätte auftreiben sollen. 1945 pflanzte niemand Blumen, wenn er stattdessen etwas zu essen anbauen konnte. In den Berliner Gärten wuchsen Lauch und Kartoffeln.

Stattdessen hatte er eine alte Lupe mitgebracht, die einen gerillten Holzgriff besaß und so groß war wie ein Soßentopf. Sie sah aus wie die Lupe eines Detektivs, um schwierige Fälle damit zu lösen. Der Tote hatte Detektivgeschichten geliebt. Das hatten sie beide.

Der Mann im Ledermantel steckte die Lupe in die Metallvase an der Tafel, als wäre es eine Blume, und trat dann einen Schritt zurück.

«Das ist ein wertvoller Gegenstand», meinte der einarmige Mann. «Ist bestimmt ein paar Reichsmark wert. Wollen Sie das wirklich hierlassen?»

«Ja. Das will ich.»

«Ich sag ja nur. Hier gibt es eine Menge Leute, die alles mitnehmen, um sich damit etwas zu essen zu kaufen. Keine richtigen Diebe. Aber die Not kann einen eben manchmal

dazu bringen, selbst die Toten zu berauben. Nicht, dass ich das gutheiße. Aber manchmal ... Die Toten stört es schließlich nicht, beraubt zu werden, stimmt's?»

«Das ist nicht wichtig. Es geht darum, dass ich ihm diese Ehre erweise. Es geht um das, was diese Lupe ihm und mir bedeutet hat. Deshalb bin ich hier: um seinen Tod auf eine Weise zu ehren, die ihm gefallen hätte. Nicht mit irgendeiner dummen Medaille oder einem Orden, wie man sie Toten sonst verleiht, sondern mit etwas, das sein Leben feiert. Denn das ist alles, was zählt: das Leben.»

Erstes Kapitel

(Berlin, 2. Dezember 1931)
Friedrichs Weihnachtsfreude

Friedrich Kissel hielt das Alhambra-Lichtspielhaus für das schönste Kino der ganzen Stadt. Es war erst vor fünf Jahren fertiggestellt worden und ganz sicher das modernste und gemütlichste in Berlin: ein langes Backsteingebäude mit einem großen Vorbau, auf dessen Spitze eine Art goldener Krone saß. In Friedrichs Augen war das nur passend, denn das Kino war für ihn die Krönung der Unterhaltung. Gleich gefolgt von Büchern, wie Friedrich fand, und die Weltpremiere eines Films, der auf seinem absoluten Lieblingsbuch basierte, war wirklich etwas ganz Besonderes. Seit das Buch *Emil und die Detektive* 1929 herausgekommen war, hatte Friedrich es praktisch jeden Monat einmal gelesen – und das hieß zwanzig- oder dreißigmal insgesamt. Und er hatte vor, es ein weiteres Mal zu lesen, sobald er wieder zu Hause war und gemütlich in seinem Bett lag.

Das Buch war vermutlich eines der erfolgreichsten Kinderbücher in Deutschland. Und der Schriftsteller Erich Kästner war zufällig ein guter Freund von Friedrichs Vater, Ernst Kissel. Nicht nur das: Kästner war auch ein Nachbar der Familie. Die Kissels wohnten in einer großen Wohnung in der

Roscherstraße 14 und Erich Kästner in einer kleineren in der Nummer 16. Doch die beiden Männer kannten sich noch aus einem anderen Grund: Friedrichs Vater war Kulturredakteur des großen *Berliner Tageblatts*, *BT*, für das Erich Kästner hin und wieder Artikel zu verschiedenen Themen beisteuerte. Als *Emil und die Detektive* herauskam, hatte Kästner seinem Freund Ernst Kissel ein signiertes Buch für Friedrich geschenkt. Friedrich war damals zehn Jahre alt gewesen und damit ein wenig jünger als die Hauptfigur der Geschichte. Und da das Buch zum großen Teil in Berlin spielte, nahm Kästner richtig an, dass Friedrich daran Spaß haben würde. Tatsächlich war das signierte Buch Friedrichs größter Schatz. Und genau das erzählte er dem Schriftsteller, als er ihn bei der Filmpremiere traf.

«Es ist nicht mein Lieblingsbuch, weil Sie es signiert haben», sagte Friedrich. «Es wäre auch sonst mein Lieblingsbuch gewesen. Aber durch Ihr Autogramm wird es noch besser.»

«Danke, Friedrich, das bedeutet mir sehr viel», antwortete Erich Kästner, der eine Menge Freunde zum Premierenabend eingeladen hatte. Die Eingangshalle war voller Menschen mit Gläsern in den Händen. Neben Kästner stand ein kleinerer, kahlköpfiger Mann mit hellen, wachen Augen. Er mochte in

den Zwanzigern sein, war also etwas jünger als der Schriftsteller. «Ich hoffe, der Film gefällt dir. Aber falls nicht, dann beschwer dich bitte direkt bei diesem Mann hier und nicht bei mir. Er ist der Drehbuchautor und heißt Samuel Wilder, aber alle Welt nennt ihn Billy.»

«Er gefällt mir ganz bestimmt», sagte Friedrich. «Anders kann ich es mir gar nicht vorstellen. Aber werden Sie noch eine Fortsetzung von *Emil und die Detektive* schreiben? Ich finde, das sollten Sie. Unbedingt. Bestimmt würden es viele Leute lesen. Aber Sie müssten sich damit beeilen, damit Ihre Leser nicht schon zu alt sind, bevor es erscheint.»

Friedrichs Mutter, die dem Gespräch ihres Sohnes mit Herrn Kästner zugehört hatte, runzelte die Stirn und schnalzte mit der Zunge.

«Sag du Herrn Kästner nicht, was er tun soll», sagte sie. «Ich bin sicher, er schreibt dann ein Buch, wenn er dazu bereit ist. Wenn er genug Inspiration bekommen hat.»

In ihrem Mund klang das Wort Inspiration wie ein Vormittagsimbiss.

«Schon gut, Sabine», sagte Kästner. «Ich halte nicht viel von Inspiration. Sie ist eine ziemlich glitschige Angelegenheit, die man nicht zu fassen kriegt. Und Friedrich hat recht. Ich sollte wirklich bald ein neues Buch über Emil schreiben. Morgen fange ich an. Vielleicht könnte Friedrich mich mal besuchen und mir mit ein paar Ideen aushelfen. Sag mir, Friedrich, was hat dir an diesem Buch so besonders gut gefallen?»

Friedrich musste einen Augenblick nachdenken. Es gab so viele Dinge, die er an dem Buch mochte, dass er nicht gleich wusste, womit er anfangen sollte. Er dachte an die Handlung, die Figuren und wie sich die Geschichte entwickelte, aber auch an den Humor ... Schließlich wollte er Herrn Kästner nicht länger warten lassen und sagte: «Na, zum einen hat mir gefallen, dass Sie selbst in der Geschichte auftreten. Ich finde, das war sehr schlau von Ihnen. Und zum anderen gefällt mir, dass die Geschichte so kurz ist.»

Billy Wilder lachte laut auf, und Erich Kästner schmunzelte ebenfalls, zog dabei jedoch eine Augenbraue auf eine Weise in die Höhe, dass Friedrich ganz neidisch wurde. Es sah so ungemein klug aus.

«Du solltest später mal Kritiker werden», sagte Billy Wilder mit leichtem Akzent.

«Ach nein», meinte Friedrich. «Ich will Detektiv werden und für die Berliner Kriminalpolizei arbeiten im Polizeihauptquartier am Alexanderplatz. Seit ich *Emil und die Detektive* gelesen habe, will ich das. Die Bilder haben mir übrigens auch gut gefallen. Haben Sie die gemalt?»

Kästner lächelte wieder und richtete seine Fliege. «Nein. Aber du hast völlig recht. Die Bilder sind wirklich gut. Mir gefallen sie auch sehr.»

Er legte Friedrich eine Hand auf die Schulter und steuerte ihn auf einen dunkelhaarigen, gutaussehenden Mann auf der anderen Seite der Empfangshalle zu. «Ich zeige dir den talentierten Mann, aus dessen Feder sie stammen.»

Erich Kästner mochte Kinder und junge Leute, was vermutlich der Grund war, warum er Lehrer geworden war. Er war davon überzeugt, dass die Zukunft davon abhing, dass jedem Kind Freundlichkeit und Bildung zuteilwurden, ganz zu schweigen von Geduld. Er selbst hatte in Dresden keine gute Schulzeit erlebt und noch schlimmere Tage als junger Mann in der Armee: Ein besonders brutaler Ausbilder bei der Artillerie war dafür verantwortlich, dass er sich eine Herzschwäche zugezogen hatte. Und obwohl er mit seinem Schnurrbart älter wirkte, war Erich Kästner nur zwanzig Jahre älter als Friedrich.

«Walter», sagte er jetzt, «dies ist mein Nachbarsjunge Friedrich. Ihm gefallen deine Bilder. Friedrich, das hier ist Walter Trier. Er ist Künstler, was bedeutet, dass er überhaupt nichts ernst nimmt.»

Und damit ging er davon, um andere Gäste zu begrüßen, und überließ Friedrich der Unterhaltung mit Walter Trier.

«So, Friedrich», sagte Herr Trier. «Dir gefallen also meine Bilder, was?»

Friedrich nickte. «Ich habe noch nie einen Künstler kennengelernt», gestand er.

«Wer ist denn dein Lieblingsmaler?»

Friedrich dachte an das Bild, das in seinem Zimmer hing. Er hatte es vor Jahren von seinen Eltern zum Geburtstag geschenkt bekommen. «Albrecht Dürer, glaube ich. Er hat so ein Bild von einem Hasen gemalt, das mir gut gefällt. Ich habe zu Hause einen Druck davon und schaue es mir jeden Tag an.»

«Gute Wahl», sagte Walter Trier und nickte.

«Hängen Ihre Bilder im Museum?», wollte Friedrich wissen. «So wie die von Dürer?»

«Noch nicht», antwortete der Künstler. «Aber ich arbeite daran. Nächstes Jahr habe ich eine Ausstellung in meiner Heimatstadt Prag. Bis jetzt ist mein größtes Werk allerdings ein Wandbild.»

«Was ist ein Wandbild?»

«Ein Bild, das direkt auf eine Wand gemalt wurde. Im Foyer vom Kabarett der Komiker am Lehniner Platz.»

«Ist das dieses moderne Gebäude, das so ein bisschen aussieht wie der Kommandostand auf einem Kriegsschiff ?»

«Genauso sieht es aus», nickte Herr Trier.

«Das ist ganz in der Nähe von meinem Zuhause», sagte Friedrich.

«Dann solltest du mal hingehen und es dir anschauen – mein Wandbild, meine ich. Wenn du sagst, dass ich dich geschickt habe, zeigt man es dir bestimmt.»

«Das mache ich», versprach Friedrich. «Und wenn es nur halb so gut ist wie die Bilder in *Emil und die Detektive*, dann ist es großartig.»

«Was gefällt dir eigentlich so an ihnen?», wollte Herr Trier wissen.

«Na ja, sie sind so schön einfach», antwortete Friedrich rundheraus.

Herr Trier lachte.

«Entschuldigung», beeilte sich Friedrich zu sagen. «Ich habe es gar nicht als Witz gemeint.»

«Nein, du hast ja recht. Einfach ist gut. Einfach ist sehr gut. Genau das sind sie, Friedrich. Und in der Kunst ist das alles.»

Zweites Kapitel

Emil und die Detektive

Friedrich hatte vorher noch nie einen Film gesehen, der auf einem Buch basierte, doch er fand, die Filmleute hatten ihre Arbeit ziemlich gut gemacht. Hätte er etwas kritisieren müssen, dann hätte er gesagt, dass der Film zu kurz war. Nach nur fünfundsiebzig Minuten – das hatte er an seiner neuen Armbanduhr abgelesen – war er zu Ende. Wenn es nach Friedrich gegangen wäre, hätte er mindestens noch eine Stunde dauern können.

In *Emil und die Detektive* geht es um einen Jungen namens Emil Tischbein, dem auf der Zugfahrt nach Berlin das Geld gestohlen wird, das ihm seine Mutter für seine Großmutter mitgegeben hatte. Der Dieb ist ein Zugpassagier – ein finsterer Mann namens Grundeis, mit steifem Kragen und einer Melone auf dem Kopf. Emil ist entschlossen, sich das Geld zurückzuholen, und er verbündet sich mit einer Gruppe cleverer Berliner Kinder, mit deren Hilfe er den Dieb schließlich überführt. Sie sind die Detektive in der Geschichte – Kinderdetektive –, und das macht die Sache für Friedrich so aufregend.

Friedrich fand, dass der Film dem Buch sehr nahekam. Besonders die Szene, in der Emil von Grundeis betäubt wurde, war sehr überzeugend. Sie erinnerte Friedrich an ein Mal, als er Fieber gehabt und nicht genau gewusst hatte, ob er träumte oder wach war. Friedrich fand auch den Schauspieler großartig, der die Rolle des Emil spielte. Interessant war ebenfalls, wie ähnlich der Dieb dem Vorsitzenden der NSDAP sah, einer der größten politischen Parteien in Deutschland. Der Dieb trug genau wie Adolf Hitler einen kleinen Schnauzbart, und während des Films hörte Friedrich, wie sich mehrere Leute im Publikum auf die Ähnlichkeit aufmerksam machten – auch seine Eltern. Friedrichs Vater flüsterte ihm zu, dies wäre vielleicht nicht so eine kluge Entscheidung gewesen, da die Nazis – wie man die Mitglieder der Partei nannte – sich oft mit Leuten prügelten, die anderer Meinung waren als sie, besonders mit den Kommunisten und den Sozialdemokraten. Zwischen ihnen gab es auf den Berliner Straßen ständig Zusammenstöße, und manchmal wurden auch Leute ernsthaft verletzt oder sogar getötet, selbst Polizisten. Meistens war dies im Osten der Stadt der Fall, am Bülowplatz, wo sich auch die Parteizentrale der Kommunisten befand. Doch Friedrich erinnerte sich noch gut an den vergangenen Au-

gust, als die Nazis auf dem Kurfürstendamm gewütet hatten, und diese lange Straße lag ganz nahe an seinem Zuhause. In Friedrichs Augen waren die Kommunisten genauso schlimm wie die Nazis.

Nachdem der Film vorbei war, wurden im Foyer des Kinos erneut Getränke und Kleinigkeiten zum Essen gereicht, und Herr Wilder stellte Friedrich drei der jungen Schauspieler vor, die im Film mitgespielt hatten: Rolf Wenkhaus, Hans Schaufuß und Hans-Albrecht Löhr.

Rolf, der die Rolle des Emil Tischbein gespielt hatte, war ein paar Jahre älter als Friedrich. Friedrich mochte ihn sofort, besonders als der junge Schauspieler ihm gestand, dass er selbst von seinem Auftritt nicht besonders viel hielt und dass er schreckliche Angst vor Fritz Rasp gehabt hatte, dem Mann, der den Bösewicht Grundeis gespielt hatte. Rasp war schon in vielen Filmen der Bösewicht gewesen und galt als der unheimlichste Schauspieler im deutschen Kino. Er war ebenfalls bei der Premiere anwesend, und auch wenn er jetzt keinen Schnauzbart mehr trug, sah er immer noch recht finster aus.

Rolf erzählte Friedrich außerdem, das Beste an den Dreharbeiten sei das Essen gewesen, denn wenn man beim Film arbeitete, würde man immer gut mit Essen und Trinken versorgt.

«Ich hab noch nie im Leben so viele Würstchen gegessen», gestand er.

«Das hört sich wunderbar an», stimmte Friedrich zu.

«Dir hat der Film also gefallen?», fragte Rolf, der gern noch mehr Komplimente hören wollte.

«Ich finde ihn großartig.»

«Gut. Denn wenn ich erwachsen bin, will ich mal Schauspieler werden.»

«Aber du bist doch schon einer», wunderte sich Friedrich.

«Ich meine, ein richtiger Schauspieler. Jemand, der davon leben kann. Was ist mit dir? Was willst du mal werden, wenn du mit der Schule fertig bist?»

Friedrich wollte nicht zugeben, dass er später einmal Detektiv werden wollte. Vielleicht würde Rolf Wenkhaus dann glauben, er wäre nur wegen des Films auf diese Idee gekommen, und das hätte bestimmt peinlich gewirkt. Stattdessen sagte er, er wollte Rechtsanwalt werden, weil er wusste, dass viele Detektive auch erst einmal Jura studierten.

«Ich fasse es nicht, dass du Rolf heißt», sagte Friedrich weiter, um das Thema zu wechseln. «Mein älterer Bruder heißt auch so, und er kann mich nicht ausstehen. Nichts gefällt ihm mehr, als mir das Leben zur Hölle zu machen.»

«So sind Brüder wohl, schätze ich», sagte Rolf.

«Auf jeden Fall ist es gut, dass er nicht hier ist. Er hatte keine Lust, sich einen Kinderfilm anzusehen, hat er gesagt.»

«An einem Kinderfilm ist wohl nichts verkehrt, wenn es so ein guter Film ist wie dieser», sagte Friedrichs Vater, der kam, um seinen Sohn mit nach Hause zu nehmen. «Er beweist nur, dass deutsche Jungen genauso gut schauspielern können wie amerikanische.»

Auf dem Weg durchs Foyer begegneten sie noch einmal Walter Trier, der Friedrich daran erinnerte, sich unbedingt sein Wandbild anzusehen.

«Hier», sagte er und reichte Friedrich ein Blatt Papier mit einer Zeichnung darauf. Zu Friedrichs Erstaunen war es ein Porträt von ihm selbst, nur dass Teile davon übertrieben dargestellt waren, was ihm einen sehr komischen Ausdruck verlieh. Friedrich fand es wundervoll.

«Das ist eine Karikatur», erklärte Herr Trier. «Ich habe sie gemacht, als du dir den Film angesehen hast, darum hast du es nicht gemerkt. Sie gefällt dir wohl, hm?»

«Sie ist großartig», sagte Friedrich.

«Ich zeichne bloß, was da ist, und dann noch ein bisschen mehr. Ich schätze, du hast wohl einfach ein lustiges Gesicht. Ich sollte es wissen, bei meiner Nase.»

Dann gingen sie nach Hause.

Das Alhambra-Lichtspielhaus lag am Kurfürstendamm, Berlins schönster und vermutlich auch längster Straße, und damit nicht weit von der Wohnung der Kissels entfernt. Der Kurfürstendamm war immer voller Neonlichter und heller Schaufenster, doch so kurz vor Weihnachten schien Friedrich ganz Berlin wie verzaubert zu sein.

«Was bedeutet Alhambra eigentlich?», fragte er seinen Vater, denn er war von Natur aus neugierig und daher bestens dafür geeignet, später einmal Detektiv zu werden – manche Menschen haben es gut, weil sie wirklich für etwas berufen zu sein scheinen.

«Die Alhambra ist ein großer Palast in Spanien», erklärte sein Vater. «Dort haben König Ferdinand und Königin Isabella zum ersten Mal Christoph Kolumbus empfangen, als er sie um Unterstützung für seine Expedition nach Amerika bat.»

Manchmal klang Friedrichs Vater wie ein wandelndes Lexikon; sicher einer der Gründe, weshalb er ein so guter Journalist war. Dazu war er geradezu berufen.

«Ein Palast, ja?», sagte Friedrich. «Na, dann muss es aber wirklich ein toller Palast sein, um diese Alhambra hier in Berlin zu übertreffen. Und die Stadt muss auch eine richtig tolle Stadt sein, um unsere zu schlagen. Schaut bloß mal: Abends sieht Berlin aus wie Mamas Schmuckkasten – wie schwarzer Samt voller Rubine und Smaragde.»

«Schön wär's», lachte seine Mutter.

«Ich glaube, Berlin ist die beste Stadt der Welt», sagte Friedrich und seufzte zufrieden. «Ich kann mir nicht vorstellen, irgendwo anders zu leben. Ihr vielleicht?»

Drittes Kapitel

Das Kabarett der Komiker

Ein paar Tage nach Neujahr fing für Friedrich die Schule wieder an. Das Mommsen-Gymnasium lag ganz in der Nähe und war nach einem wichtigen deutschen Historiker namens Theodor Mommsen benannt. In der Eingangshalle der Schule hing ein Bild von ihm, auf dem er mit langen weißen Haaren und Brille zu sehen war. Leo und Albert, Friedrichs beste Freunde, fanden, er sähe darauf aus wie ein verrückter Professor. Was stimmte.

Friedrichs Lieblingslehrerin war Frau Weber. Sie dagegen bemühte sich sehr darum, keine Lieblingsschüler zu haben, doch wenn sie welche gehabt hätte, dann wären Friedrich und Leo sicherlich unter ihnen gewesen. Was nicht bedeutete, dass Friedrich ein Streber war. Keineswegs. Doch er strengte sich an und gab immer sein Bestes, und wenn es etwas gibt, was Lehrer mögen, dann ist es ein Schüler, der sein Bestes gibt. Leo dagegen war einfach schlau. Und das haben Lehrer am liebsten.

Frau Weber war eine gute Lehrerin. Sie übte ihren Beruf seit über dreißig Jahren aus, und das Mommsen-Gymnasium war ihr Leben. Am Morgen kam sie als Erste und fuhr abends als Letzte auf ihrem schwarzen Fahrrad nach Hause. Sie besaß außerdem Sinn für Humor, was bei Lehrern immerhin eine Seltenheit ist, besonders bei einer Witwe wie ihr. Wie so viele Frauen hatte sie ihren Mann im Großen Krieg verloren, doch sie sprach nie davon. Sie war immer streng, aber gerecht, und jeden Tag las sie ihrer Klasse zum Abschluss des Unterrichts ein Kapitel aus einem neuen Buch vor.

Einmal hatte sie *Emil und die Detektive* ausgesucht, und Friedrich war begeistert gewesen. Es war etwas ganz anderes, sein Lieblingsbuch vorgelesen zu bekommen, und dann noch von jemandem, der den Figuren im Buch so unterschiedliche Stimmen geben konnte.

Friedrich ging gern zur Schule. Und er war ein guter Schüler, beinahe der Klassenbeste. Aber er war auch gut im Sport, und hätte er sich selbst beschreiben sollen, hätte er sicher gesagt, dass er sich am liebsten in der Natur aufhielt. Er ging oft in den Tiergarten, den großen Park mitten in Berlin, wo er mit seinem Freund Albert und dessen Schwester Viktoria sowie manchmal auch mit Leo Detektiv spielte.

Wenn er allein war, stromerte Friedrich viel durch die Stadt. Er versuchte dabei, seine Beobachtungsgabe zu schulen, denn Beobachtung ist alles, wenn man ein guter Detektiv sein will. Daher kannte er die Straßen von Berlin auch wie seine Westentasche und ebenso die Linien der Straßenbahnen und Busse. Er wusste sogar, welche Plätze man besser mied – Viertel wie Neukölln und den Wedding zum Beispiel, wo der Streit zwischen den Nazis und den Kommunisten immer wieder aufflammte.

Einmal war er vor der Zentrale der Kommunistischen Partei am Bülowplatz Zeuge einer richtigen Straßenschlacht geworden, bei der viele Menschen verletzt worden waren. Vermutlich stand deswegen jetzt immer ein gepanzertes Fahrzeug dort. Bei einer anderen Gelegenheit hatte er einen Trauerzug für einen jungen Mann namens Horst Wessel beobachtet, der von den Kommunisten getötet worden war. Politik schien oft mit Gewalt einherzugehen. Friedrichs Vater sagte, diese beiden Parteien könnten sich noch nicht einmal darauf einigen, sich nicht zu einigen.

«Das ist das Problem mit diesem Land», sagte er. «Es gibt zu viele Menschen in Deutschland, die glauben, sie hätten ein Monopol auf die Wahrheit, obwohl sie eigentlich nichts anderes tun, als weitere Lügen zu verbreiten.»

Der Kurfürstendamm im Westen der Stadt war dagegen normalerweise sicher, und eines Januarnachmittags ging Friedrich nach der Schule mit seinem Freund Leo bis zum Lehniner Platz und weiter zum Kabarett der Komiker, um sich das Wandgemälde von Walter Trier anzusehen. Leo war ebenso begeistert von *Emil und die Detektive* wie Friedrich. Und Herrn Triers Illustrationen gefielen ihm am besten. Er interessierte sich daher sehr für das Wandgemälde, vor allem, weil er später einmal selbst Künstler werden wollte.

Im Gebäude konnten sie eine Jazzband proben hören, doch in der Eingangshalle schien niemand zu sein, und so stellten sich die beiden Jungen ehrfürchtig vor das Wandgemälde. Es war viel größer und lustiger, als sie gedacht hatten. Eigentlich waren es sogar zwei Wandgemälde. Auf einem saß ein Mann am Flügel, ein zweiter zupfte eine Harfe, ein dritter blies in eine Tuba, und ein vierter spielte Gitarre. Auf der gegenüberliegenden Wand war eine Art Dschungelszene zu sehen mit einem Känguru, einem jungen Hasen, einem Schimpansen, einem Panther und einem Zebra. Alles war sehr lebendig und farbenfroh und erinnerte Friedrich an Karikaturen.

«Ich verstehe schon, warum auf dem einen Bild eine Jazzband zu sehen ist», meinte Friedrich. «Aber ein Känguru würde sich wohl nie am selben Ort wie ein Zebra befinden. Oder wie ein Schimpanse.»

«Stimmt», gab Leo zu. «Das nennt man wohl künstlerische Freiheit.»

«Und was soll das bedeuten?»

«Das bedeutet, dass man im Namen der Kunst ruhig die Tatsachen verändern darf. Es ist in Ordnung, weil es Kunst ist, aber normales Lügen nicht.»

«Der Mann mit der Trompete und dem riesigen Schnauzbart sieht aus wie Hindenburg», sagte Friedrich.

Hindenburg war der Reichspräsident und ziemlich alt und dick.

Leo nickte zustimmend.

«Na, wen haben wir denn hier?», dröhnte die Stimme eines Mannes durch die Halle. «Bewundern wir die Kunst? Oder machen wir einen Schulausflug ins Irrenhaus?»

Friedrich und Leo drehten sich um und sahen einen großen Mann hinter sich stehen. Er trug einen doppelreihigen Nadelstreifenanzug und einen großen Hut und hielt einen Spazierstock in der Hand. Er hatte einen buschigen Bart und einen grauen, spitz zulaufenden Schnauzer, der aussah wie die Nadel von einem Kompass.

«Kinder, Kinder, das hier ist ein Kabarett und nicht die Nationalgalerie.»

«Wir kennen den Unterschied», sagte Leo.

«Wirklich? Und wen kennt ihr noch?»

«Ich kenne den Künstler, Walter Trier», sagte Friedrich. «Von ihm stammen die Bilder in unserem Lieblingsbuch *Emil und die Detektive*. Er hat gesagt, ich sollte mir sein Wandbild ansehen, wenn ich mal vorbeischaue.»

«Wenn du woran vorbeischaust?» Der Mann lächelte über seinen eigenen Scherz. Friedrich war nicht so sicher, ob er sich über sie lustig machte oder nicht – das wusste man nie so genau bei Erwachsenen –, darum wandte er sich zum Gehen. Leo folgte ihm.

«Wartet mal, Kinder. Ihr kennt also Walter Trier, ja?»

«Ein bisschen.»

«Tut mir leid, wenn ich unhöflich war, Jungs. Wie heißt ihr?»

«Ich bin Friedrich Kissel.»

«Und ich Leo Hertz.»

«Wir gehen hier alle miteinander ein bisschen ruppig um. Das Kabarett der Grausamen, wisst ihr? Ich mache Witze darüber, wie hässlich die Deutschen sein können, und dann lachen alle. Alle Berliner jedenfalls. Ich am meisten. Walter Trier ist für mich wie Familie. Er hat das Bild hier an der Wand schon vor einer Weile gemalt, und ich habe ihn sogar dafür bezahlt. Und das ist kein Witz. Habt ihr Familie?»

«Natürlich.»

«Schön, eine Familie zu haben. Neulich habe ich mir meinen Familienstammbaum angesehen und festgestellt, dass ich nur das Baumharz bin. Und außerdem mit Hitler verwandt. Was für ein Pech, was? Mein Name ist übrigens Robitschek, Kurt Robitschek, und mir gehört dieser Saftladen. Also, was haltet ihr von dem Bild unseres Freundes?»

Friedrich fühlte sich von dem Mann immer noch ein wenig verunsichert und sah Leo an. Dann sagte er. «Wir mögen es. Stimmt's?»

«Klar», bestätigte Leo.

«Das war's? Hey, jetzt weiß ich, warum Tiger ihre Jungen auffressen ... Ich weiß, ich habe Saftladen gesagt. Aber ich bin stolz darauf, wisst ihr? Ich liebe es hier.»

«Sie sind Komiker, oder?», bemerkte Leo mit ernstem Gesicht.

«So steht es jedenfalls in meiner Polizeiakte. Die sollte man sich hin und wieder mal anschauen. Meine Frau tut es jedenfalls. Sie ist gerade aus der Schweiz zurück. Hat die Alpen besucht. Nette Leute, übrigens, diese Alpen. Na, bin ich euch zu schnell? Sollte ich eigentlich nicht in meinem Alter. Ich weiß, dass ich alt werde. Ich bin schon so alt, dass ich mich beim Zähneputzen unterhalten kann. Denkt mal drüber nach, Kinder. Ich versuche hier zu arbeiten. Normalerweise müssen die Leute für meine Witze bezahlen. Ich fühle mich wirklich alt. Neulich bin ich am Friedhof vorbeigekommen, und dann sind zwei Männer mit Schaufeln hinter mir hergerannt.»

Jetzt lächelte Friedrich doch, und auch Leo musste grinsen.

«Na also», sagte Herr Robitschek. «Endlich. Lächelt, und ganz Deutschland lächelt mit euch. Das ist jedenfalls die Theorie. Bei meinem letzten Geburtstag konnte ich die Kerzen auf meinem Kuchen nicht mehr ausblasen, weil mich die Hitze so zurückgedrängt hat. Wie alt seid ihr – zwölf, dreizehn?»

«Dreizehn.»

«Das bringt so manchen Leuten Unglück. Aber euch nicht. Mit eurem Sinn für Humor werdet ihr bestimmt sehr alt. Wirklich. Wer viel lacht, riskiert einen frühen Tod. Das meine ich ernst. In dieser Stadt kann einen Lachen umbringen. Das bedeutet dieses Wandgemälde übrigens. Da draußen ist der reinste Dschungel.»

Er nickte zur Glastür und verzog das Gesicht, als zwei Braunhemden der Nazis vorbeimarschierten. Die Männer wurden Braunhemden genannt, weil sie braune Hemden trugen, und es waren zudem berüchtigte Schläger, sodass die meisten Berliner, die bei Verstand waren, die Straßenseite wechselten, wenn sie Braunhemden auf sich zukommen sahen.

«Ernsthaft», sagte Robitschek. «Hitler ist neulich zu seinem Doktor gegangen. Doktor Goebbels. Er sagte: ‹Was ist los mit mir, Doktor, jedes Mal, wenn ich in den Spiegel gucke, möchte ich mich am liebsten übergeben. Was kann mir bloß fehlen?› Und Goebbels sagte: ‹Ich weiß nicht, mein Führer, aber Ihre Augen sind jedenfalls vollkommen in Ordnung.› Dieser Hitler fasziniert mich, wisst ihr. Er hat mir erzählt, wie er seinen Mundgeruch verbergen kann: Er hebt einfach den Arm. All diese Nazis – die sind ganz schön hässlich, was? Himmler wollte sich neulich fotografieren lassen, und der Fotograf hat ihn gebeten, sich zur Wand zu drehen. Gefällt euch das? Davon habe ich massenweise. Dieses Lokal hier ist jeden Abend voller Menschen. Aber nicht voller Nazis. Das sind nämlich keine Menschen. Wenn Goebbels' Kinder zu Bett gehen, werfen sie eine Münze, wer dem bösen Monster einen Gutenachtkuss geben muss. Nehmen eure Eltern euch manchmal mit in den Zoo?»

«Manchmal», antwortete Leo.

«Wir gehen meist allein», sagte Friedrich.

«Hess, kennt ihr Rudolf Hess? Er hatte eine schlimme Kindheit, wisst ihr? Sein Vater hat ihn nie mit in den Zoo genommen. Er sagte: ‹Rudi, wenn sie dich da wollen, dann werden sie dich schon holen.›»

Friedrich lachte laut los, auch wenn er nicht sicher war, was er von Herrn Robitschek halten sollte; oder was er eigentlich meinte. Er war daran gewöhnt, dass Erwachsene Witze über alle möglichen Sachen machten, aber nicht über Männer in der Regierung. Hitler war vielleicht ein Nazi, aber er war ja auch Mitglied des Reichstags.

«Jetzt begreift ihr es langsam, Jungs. Das ist Kabarett.

Wir lachen hier drinnen. Solange wir es noch können, versteht ihr? Es ist schwer, seit der Wahl im November noch zu lachen, nachdem die Nazis die meisten Sitze im Parlament bekommen haben. Aber lasst euch raten: Wiederholt keinen meiner Witze auf dem Spielplatz. Oder vor irgendeinem dieser Schlägertypen in braunen Hemden. Verstanden? Wisst ihr, warum die braune Hemden tragen? Damit sie das Blut nur einmal die Woche rauswaschen müssen. Weil die Nazis nämlich ziemlich schlimm sind. Wenn die je an die Macht kommen, dann werden wir vielleicht nie wieder lachen können. Und das wäre nun wirklich ein Witz.»

Viertes Kapitel

Die große Parade

Ende Januar wurde der Vorsitzende der NSDAP, Adolf Hitler, zum deutschen Reichskanzler ernannt und übernahm die Regierungsgeschäfte. Doch der Einzige, der sich in Friedrichs Familie darüber freute, war sein älterer Bruder Rolf. Er studierte Jura an der Humboldt-Universität zu Berlin, und er und sein Vater stritten sich oft über Politik. Doch durch Hitlers Ernennung schien ihr Streit zum Erliegen gekommen zu sein. Friedrichs Eltern waren sehr schweigsam.

Am Abend wollten die Nazis mit einer großen Parade durch ganz Berlin bis zum Reichskanzleramt an der Wilhelmstraße ziehen, um Hitlers Sieg zu feiern. Rolf hatte bereits beschlossen hinzugehen und schien sich sehr darauf zu freuen. Seine Aufregung war ansteckend. Wie so viele Jungen sah sich Friedrich gern Militäraufmärsche an, und wenn die Nazis in etwas gut waren, dann waren es große Paraden.

«Kann ich mitgehen, Vater?», fragte Friedrich. «Rolf sagt, ganz Berlin wird kommen, um Hitler zuzujubeln. Bitte, Vater, lass mich mitgehen.»

«Klar», meinte Rolf. «Er kann ruhig mitkommen, ist mir recht.»

«Ja, aber mir vielleicht nicht», sagte Herr Kissel. «Es ist

schon schlimm genug, einen Sohn zu haben, der Hitler bewundert. Ich brauche nicht zwei davon.»

«Das ist doch bloß eine Parade», sagte Friedrich. «Nur eine Menge Leute, die zur Musik einer Kapelle marschieren. Daran ist doch nichts Schlimmes, oder, Vater?»

«Vielleicht nicht», antwortete Herr Kissel. «Mir scheint bloß, dass den Nazis furchtbar viel daran liegt, die deutsche Armee wieder zu stärken. Man möchte meinen, es kann nicht schaden, wenn ein Land eine einsatzfähige Armee hat, aber ich fürchte, die Nazis planen damit, wieder Krieg mit Frankreich anzuzetteln.»

Rolf lachte. «Es wäre auch Zeit, dass Frankreich dafür bezahlt, wie sie uns seit dem Krieg behandelt haben», sagte er.

«Wenn es Krieg mit Frankreich gibt», sagte Herr Kissel und überging Rolfs Bemerkung, «dann bekommen wir vermutlich auch Krieg mit Russland und England, genau wie 1914. Und was dann?»

«Hitler lässt Deutschland nie in einen Krieg eintreten, bis wir dazu bereit sind», meinte Rolf. «Bis er sicher ist, dass wir ihn gewinnen.»

Herr Kissel sah seine Frau an. «Was meinst du, Sabine?»

«Ich meine, Friedrich hat recht», sagte Frau Kissel. «Es ist doch nur eine Parade. Außerdem finde ich, dass Väter manchmal zu streng mit ihren Söhnen sind. Es gibt Dinge, die müssen sie selbst für sich herausfinden. Und vielleicht ist das hier so eine Sache.»

«Ja, vielleicht», gab Herr Kissel zu.

«Heißt das, ich darf mit?», fragte Friedrich.

«Ja.»

Friedrich jubelte.

«Aber bis elf Uhr seid ihr wieder hier», sagte Herr Kissel.

Sobald die beiden Jungen das Haus in der Roscherstraße verlassen hatten, holte Rolf eine Naziarmbinde aus seiner Manteltasche und zog sie sich über den Ärmel. Die Binde war rot und zeigte ein schwarzes Hakenkreuz auf einem weißen Kreis. Das Hakenkreuz war das Symbol der NSDAP und erinnerte Friedrich ein bisschen an Hammer und Sichel, das Symbol der Kommunisten. Offenbar musste jede Partei ihr eigenes Symbol haben, um erfolgreich zu sein. Im Gegensatz dazu hatte die Deutsche Zentrumspartei – für die seine Eltern immer gestimmt hatten und die jetzt gegen die Nazis verlor – bloß eine unauffällige gelb-weiße Binde.

«Bist du ein Nazi, Rolf?», fragte Friedrich seinen Bruder.

«Ja, aber sag das nicht Vater, sonst bring ich dich um, Fritz. In nehme dich nur mit zu der Parade, wenn du nicht erzählst, was ich heute Abend tue.»

«Was willst du denn tun?»

«Ich weiß es nicht. Aber vermutlich rufe ich ‹Sieg Heil› wie alle anderen und mache den Hitlergruß. Und das solltest du auch tun, Fritz, wenn du weißt, was gut für dich ist. Manchmal werden die Braunhemden sauer, wenn die Leute Hitler nicht den Respekt zeigen, der ihm gebührt. Und dann verpassen sie dir eine, um dich daran zu erinnern. Also, wenn du heute Abend keinen Tritt riskieren willst, dann würde ich mich an deiner Stelle auch wie ein Nazi verhalten. Das ist sicherer. Außerdem will ich nicht neben jemandem stehen, der so aussieht, als würde er gar nicht hier sein wollen, klar?»

«Klar», meinte Friedrich. «Wie du meinst.»

«Du wirst so auch viel mehr Spaß haben. Das ist immerhin ein historisches Ereignis. Heute ist Deutschland wieder erstarkt. Wir sind lange genug von Frankreich und England herumgeschubst worden. Es wird Zeit, dass wir aufstehen und denen klarmachen, dass es uns reicht.»

Friedrich wusste nicht recht, warum das so wichtig war, aber er schwieg. Rolf studierte zwar, doch anders als sein Vater konnte er seine Überzeugungen nicht gut erklären.

Friedrich sah hinauf zum Fenster von Haus Nummer 16, in dem Herr Kästner wohnte, und fragte sich, ob er wohl auch zu der Parade ging. Aber er ahnte, dass Herr Kästner der gleichen Meinung war wie sein Vater. Er war sich dessen sogar ziemlich sicher.

Rolf und Friedrich gingen den Kurfürstendamm in Richtung Osten und stiegen in die Straßenbahn 78, die vom Zoo zum Brandenburger Tor fuhr. Es war kein Tor im eigentlichen Sinne, sondern ein Monument aus hohen Steinsäulen, das wirkte wie ein Teil eines griechischen Tempels. Obendrauf befand sich ein bronzener Streitwagen mit vier Pferden, der Quadriga hieß. Friedrich mochte das Brandenburger Tor, das am äußersten Ende der Siegerstraße am Pariser Platz lag. Er wusste nicht, warum er es mochte, doch sein Vater meinte, es reichte schon, dass er es täte.

In der Straßenbahn sagte Friedrich zu Rolf: «Glaubst du, es heißt Pariser Platz, weil da die französische Botschaft liegt? Wenn Vater recht hat und Deutschland wirklich einen

Krieg mit Frankreich will, dann ist es doch komisch, dass es hier einen Platz gibt, der nach der französischen Hauptstadt benannt ist, findest du nicht?»

«Deutschland will keinen Krieg mit Frankreich», sagte Rolf. «Wir wollen nur Gerechtigkeit von der Welt.»

«Ach so. Aber warum ist die Welt denn ungerecht zu Deutschland?»

«Weil sie uns beschuldigen, den Krieg 1914–1918 angezettelt zu haben, und als er vorbei war und wieder Frieden herrschte, haben sie uns dafür schlecht behandelt. Ich meine, für einen Krieg braucht es immer zwei. Und die Franzosen hatten genauso Schuld daran wie wir.»

Rolf zündete sich eine Zigarette an, was noch eine Sache war, von der Friedrich nichts gewusst hatte. Friedrich fand, sein Bruder steckte heute Abend voller Überraschungen. Erst die Nazibinde und jetzt die Zigarette – Rolf wurde schnell erwachsen.

«Ich wusste nicht, dass du rauchst.»

«Erzähl Mutter nichts davon», sagte Rolf. «Es würde ihr nicht gefallen. Ich trinke auch Bier, nur dass du es weißt.»

«Meine Lippen sind versiegelt.»

Als die beiden Jungen das Brandenburger Tor erreichten, stellten sie fest, dass halb Berlin dort versammelt war, um sich die Parade anzusehen. Trotz der eisigen Januarkälte standen Tausende von Menschen jeden Alters da, um zu jubeln. Rolf und Friedrich stellten sich ganz vorn hin und waren keine Minute zu spät, denn kurz darauf hörten sie schon den fernen Klang einer großen Blaskapelle mit Hunderten von Trommeln und einer Menge Bläser und sogar einigen

Glockenspielen. Als sich die Kapelle näherte, sah Friedrich auch unzählige große Nazifahnen. Viele der Braunhemden sangen ihr Lied und trugen brennende Fackeln. Ihr Rauch vermischte sich in der Nachtluft mit nach Bier riechenden Atemwolken und hing über den marschierenden Männern wie eine Wolke. Friedrich dachte an einen Ausdruck, den er bei Frau Weber gelernt hatte: der Geist der Menschheit. Genau so sah die heiße, stinkende Wolke aus – wie der Geist der Menschheit. Friedrich hoffte, dass es ein guter Geist war.

Sobald die ersten Fahnen feierlich durch das Tor getragen wurden, hielt Rolf seinen rechten Arm steif ausgestreckt vor sich, wie die Nazis es taten. «Hitlergruß» wurde das genannt. Gleichzeitig schrie er «Sieg Heil! Sieg Heil!» wie Tausende anderer Menschen auch. Friedrich wunderte sich, denn er wusste nicht, um welchen Sieg es eigentlich ging.

Doch trotzdem spürte er, wie er von der allgemeinen Aufregung mitgerissen wurde. Schon bald reckte auch er den rechten Arm und schrie laut «Sieg Heil!», was seinen Bruder sehr zu freuen schien.

«Ist es nicht wunderbar, ein Deutscher zu sein?», brüllte Rolf und schlug Friedrich auf die Schulter.

«Ja, wunderbar!», rief Friedrich zurück.

«Ich bin so stolz», sagte Rolf.

«Ich auch», strahlte Friedrich.

«Jetzt wird alles besser», sagte Rolf. «Deutschland kann wieder groß werden, jetzt wo Hitler an der Macht ist.»

«Ja!», rief Friedrich, ganz gefangen von dem Moment und mittlerweile schon heiser vom Schreien.

Aber als die Braunhemden begannen, hässliche Lieder über einen Krieg mit Frankreich zu singen, taten ihm die Franzosen, die in der französischen Botschaft waren, doch ein wenig leid.

Abgesehen davon war die Parade genauso laut und aufregend, wie Friedrich es sich vorgestellt hatte. Einige Leute weinten tatsächlich vor Begeisterung. Andere fielen in Ohnmacht. Die Berliner verhielten sich vollkommen untypisch, dachte Friedrich – er selbst eingeschlossen. Normalerweise äußerten die Leute ihre Gefühle nicht so unkontrolliert, doch hier war es das genaue Gegenteil. Alles fühlte sich ganz anders an als sonst, fand Friedrich. Es war bestimmt das lauteste und aufregendste Spektakel, das er je gesehen hatte, und zum ersten Mal verstand er ein wenig, warum Rolf ein Nazi geworden war. Es war wie eine Art ansteckendes Fieber, das einem ins Blut ging und einen überwältigte.

Nach einer Weile versuchten sie, in die Nähe der Wilhelmstraße zu gelangen, um einen Blick auf den neuen Führer von Deutschland zu erhaschen, der am Fenster der Reichskanzlei stand. Doch die Menge war zu dicht, und zu Rolfs großer Enttäuschung mussten sie ihr Vorhaben aufgeben.

«Sei nicht traurig, Rolf», tröstete Friedrich, als sie wieder zurück zur Haltestelle gingen. «Dann ist es wenigstens nicht so voll in der Straßenbahn. In einer halben Stunde müssten wir bestimmt zu Fuß gehen.»

«War das nicht eine phantastische Parade?», fragte Rolf.

«Ja», stimmte Friedrich zu. «Danke, dass du mich mitgenommen hast. Das war die beste Parade, die ich je gesehen habe. Niemals hätte ich das verpassen wollen.»

«Es war mehr als bloß eine Parade», beharrte Rolf. «Es ist wie ein Märchen, kleiner Bruder. Ein wahr gewordener Traum. Die deutsche Revolution hat begonnen.»

Friedrich grübelte darüber nach, welches Märchen Rolf wohl meinen könnte, aber das einzige, was ihm passend erschien, war *Der Rattenfänger von Hameln*. Doch das sagte er Rolf nicht, denn er hätte dafür bestimmt eine Kopfnuss bekommen. Es war nämlich kein wirklich günstiger Vergleich.

Fünftes Kapitel

Bin ich ein Nazi, Herr Kästner?

Drei Wochen später traf Friedrich nach der Schule Herrn Kästner vor dessen Haus.

«Was ist denn mit dir los, Friedrich?», fragte der Schriftsteller. «Du siehst ja so besorgt aus.»

«Ja, das kann schon sein.»

Kästner zog eine Augenbraue hoch. «Was bereitet dir denn solche Sorgen?»

Friedrich warf einen Blick über die Schulter, ob ihn jemand hören konnte. Frau Krajewski von gegenüber ging gerade einkaufen, und er wollte nur ungern vor einer Freundin seiner Mutter sagen, was ihn bedrückte. Eigentlich wollte er es niemandem sagen.

«Es ist wahrscheinlich ganz unwichtig», sagte er darum. «Und ich möchte Sie auch nicht damit belästigen.»

«Unsinn, komm mit rein und erzähl es mir», sagte Kästner und schloss die Haustür auf. «Ehrlich gesagt hatte ich gehofft, dass ich dich treffen würde. Ich habe immer noch nicht mit dem neuen Kinderbuch angefangen und wollte mir von dir ein paar Anregungen holen. Ideen für eine neue Geschichte von Emil und seinen Freunden. Dein Vater meint, du wärst mein eifrigster Leser.»

«Wirklich, bin ich das?»

«Er hat gesagt, du hättest das Buch bestimmt schon zwanzigmal gelesen. Stimmt das?»

«Mindestens zwanzigmal», bestätigte Friedrich.

Kästner lächelte. «Ich treffe nicht viele Jungen in deinem Alter, seit ich das Unterrichten aufgegeben habe. Und ganz sicher habe ich noch niemanden getroffen, der *Emil und die Detektive* so oft gelesen hat, Friedrich. Also bist du vielleicht wirklich mein eifrigster Leser, was meinst du?»

Sie gingen hinauf in Herrn Kästners Wohnung.

Im Wohnzimmer hingen viele interessante, moderne Bilder sowie eine Menge gerahmter Fotografien. Außerdem standen Unmengen an Büchern in den Regalen. Friedrich hatte noch nie so viele Bücher gesehen, und er war voller Ehrfurcht. Die Wohnung gefiel ihm sehr; wenn er einmal eine eigene Wohnung hatte, beschloss er, sollte sie genauso aussehen wie diese. Nirgendwo stand irgendein Nippes herum – Friedrich hasste Nippes, der so leicht herunterfiel und kaputtging, wie er aus leidvoller Erfahrung wusste –, nur Bücher.

«Haben Sie all diese Bücher gelesen?», fragte er.

Kästner lachte. «Nein. Ich kaufe viel mehr Bücher, als ich lese. Das ist eine Art Sucht von mir. Ich sollte wirklich damit aufhören, bevor das außer Kontrolle gerät. Aber irgendwie will ich gar nicht aufhören. Ich liebe Bücher. Vielleicht jetzt mehr denn je. – Möchtest du etwas trinken?»

«Ja, bitte. Vielleicht ein Glas Milch?»

Während Friedrich im Wohnzimmer herumwanderte und die Bücher und Bilder bewunderte, holte Herr Kästner ein Glas Milch und etwas Kuchen aus der Küche und stellte beides auf den Wohnzimmertisch. Über dem Tisch hing ein großes Porträt eines traurig wirkenden alten Mannes mit Perücke, dessen blauen Mantel ein silberner Stern schmückte.

«So, junger Mann, dann setz dich mal. Wir sind doch Freunde, oder?»

«Ja, das hoffe ich!»

Friedrich setzte sich an den Tisch und trank einen Schluck Milch.

«Und Freunde vertrauen sich alles an, nicht wahr?»

«Ja, ich glaube schon.»

«Also gut. Möchtest du mir dann nicht verraten, was dich bedrückt, mein junger Freund?»

Friedrich seufzte und setzte sich dann auf seine Hände, damit er nicht mit ihnen herumzappelte. Er wusste, dass viele Erwachsene das nicht mochten.

«Es ist nur ...», fing er an. «Also, mein Bruder Rolf hat mich neulich zu einer Parade am Brandenburger Tor mitge-

nommen. An dem Abend, als Adolf Hitler Reichskanzler geworden ist. Und ich fürchte, ich habe den ganzen Abend gejubelt und den Hitlergruß gemacht. Und jetzt mache ich mir deswegen Sorgen. Dass ich vielleicht auch ein Nazi geworden bin wie Rolf, wissen Sie?» Friedrich sah besorgt auf. «Bin ich ein Nazi, Herr Kästner?»

Der Schriftsteller zündete sich eine Zigarette an und lehnte sich in seinem Stuhl zurück. «Möchtest du ein Nazi sein, Friedrich?», fragte er dann.

«Nicht wirklich, nein.»

«Und darf ich fragen, warum nicht?»

Friedrich zog seine Hände hervor und legte sie auf den Tisch. «Weil ich einige Tage nach der Parade ein paar Braunhemden gesehen habe, die etwas taten, was mir gar nicht gefiel. Sie haben einen alten, bärtigen Mann gequält.»

«Wo war das?»

«Vor dem Goldschmiedeladen auf dem Wittenbergplatz.»

«Hmm», machte Kästner. «Und haben sie gesagt, warum sie den alten Mann gequält haben?»

«Falls ja, habe ich sie nicht gehört. Aber das ist gar nicht das Wichtigste. Bestimmt wäre Herr Hitler damit nicht einverstanden, wenn er es wüsste», sagte Friedrich. «Denn es kann ja gar keinen Grund geben, dass drei oder vier junge Männer, die nicht älter waren als Rolf, einen alten Mann herumschubsen, der ihr Großvater sein könnte.»

Kästner nickte ernst. «Da gebe ich dir absolut recht», sagte er.

Friedrich nahm einen Bissen von dem Marmorkuchen, der vor ihm auf dem Teller lag. Er schmeckte köstlich.

«Und dann haben sie dabei auch noch gelacht», sagte er, nachdem er runtergeschluckt hatte. «Als wäre das alles ein großer Spaß. Aber das war es nicht, das konnte jeder sehen. Der alte Mann hat geweint, und sie haben versucht, ihm den Bart abzuschneiden.»

«Wirklich? Ich kann mir schon denken, warum.»

Friedrich sah den Schriftsteller erstaunt an. «Warum denn? Warum sollte jemand so etwas tun?»

Kästner zog wieder an seiner Zigarette und blies den Rauch langsam aus. Dann sagte er: «Ich nehme an, der alte Mann war Jude. Falls du es noch nicht gehört hast: Die Nazis mögen Juden nicht besonders. Sie halten sie alle für böse. Was meiner Meinung nach ein sehr guter Grund ist, die Nazis nicht zu mögen. Denn Juden sind nicht anders als wir.»

«Das finde ich auch», sagte Friedrich und biss noch einmal von seinem Kuchen ab.

«In diesem Fall würde ich sagen, dass du dir keine Sorgen zu machen brauchst, Friedrich. Du bist kein Nazi. Dazu ist schon etwas mehr nötig als ein bisschen Jubel und Armrecken. Man braucht auch eine gewisse Menge an Hass. Und du scheinst mir kein Junge zu sein, der irgendwas besonders hasst.» Er drückte seine Zigarette im Aschenbecher aus. «Ich habe von dieser Parade gehört», fuhr er dann fort. «Sie muss wohl sehr aufregend gewesen sein. Und du hast dich einfach von der Aufregung anstecken lassen. Wie viele andere Menschen auch. Was sie ebenfalls nicht gleich zu Nazis macht.» Er lächelte dünn. «Nein, die Deutschen sind zu vernünftig dafür. Zu zivilisiert, um all diesen antijüdischen Quatsch zu glauben. Jedenfalls wollen wir das hoffen.»

Friedrich fühlte sich durch die Worte seines neuen Freundes sehr erleichtert. Zufrieden schob er sich den Rest des Kuchens in den Mund. «Das hat sehr gut geschmeckt», sagte er dann und wischte sich die Hände an einer Serviette ab.

«Gut, das freut mich.»

«Darf ich Sie noch etwas fragen?», meinte Friedrich. «Woher hatten Sie eigentlich die Idee für *Emil und die Detektive?*»

«Natürlich kannst du mich das fragen», antwortete Herr Kästner. «Nun, meine Mutter Ida war Friseuse, so wie die Mutter von Emil. Und ihr Salon befand sich in unserer Wohnung in Dresden, in der Königsbrücker Straße 48. Eines Tages musste ich nach Berlin fahren, und dabei ist mir etwas ganz Ähnliches passiert.»

Friedrich riss die Augen auf. «Also ist es wie eine Autobiographie?»

«Ich glaube, eine Menge Dinge, die man so schreibt, haben etwas mit dem eigenen Leben zu tun», antwortete Kästner. «Was denkst du?»

«Darüber habe ich noch nie nachgedacht», gestand Friedrich. «Aber bestimmt haben Sie recht.» Er sah zu dem Bild mit dem alten Mann mit Perücke hinauf, das über dem Tisch hing.

«Weißt du, wer das ist?», wollte Kästner wissen.

Friedrich merkte, dass er das Bild lieber mochte als die moderneren Bilder in der Wohnung. Vielleicht, weil er es gleich verstand. «Friedrich der Große von Preußen?», riet er.

«Ganz genau. Sehr gut, mein Junge. Das ist natürlich nur eine Kopie – das Original hängt im Museum. Ich habe sie während meiner Studienzeit hier in Berlin gekauft.» Kästner lächelte. «Weißt du, ich habe meine Abschlussarbeit über Friedrich den Großen geschrieben, und das ist eines meiner Lieblingsbilder von ihm. Es zeigt ihn am Ende seines Lebens und erinnert mich immer daran, dass man nicht unbedingt glücklich ist, nur weil man alles hat, so wie Friedrich. Er war ein begnadeter König. Vielleicht der größte deutsche König, den es je gab, und ein Mann, der Menschen aller Nationalitäten und Glaubensrichtungen ermutigte, nach Preußen zu kommen. Er sprach mehrere Sprachen, spielte viele Musikinstrumente, errang mehrere wichtige militärische Siege, eroberte neue Länder, setzte wichtige Reformen durch und war ein Förderer der Künste. Napoleon war ein großer Bewunderer von ihm, ebenso wie Voltaire, der sogar eine Weile mit Friedrich befreundet war. Und hier siehst du ihn nun, nur fünf Jahre vor seinem Tod, und nichts konnte ihn freuen, nur seine Hunde. Und vermutlich dachte er die ganze Zeit bloß an all die Fehler, die er während seiner Regierung begangen hatte. Ja, man kann eine Menge von seinem Leben lernen.»

«Was für Hunde hatte er?», wollte Friedrich wissen.

Kästner lachte. «Das ist eine sehr gute Frage. Es waren Windhunde. Und er liebte sie so sehr, dass er mit ihnen begraben werden wollte.»

«Die Rasse kenne ich. Das sind wirklich schöne Hunde», meinte Friedrich. «Besonders in Grau. So einen hätte ich auch gern. Sie haben so schöne Augen, oder? Als wären sie wegen irgendetwas traurig, wären aber zu höflich, um einen damit zu belästigen.»

Er nahm das Glas mit Milch, trank es aus und stellte es zurück auf den Tisch.

«Ich habe einen Hund», sagte Kästner. «Einen kleinen schwarzen Terrier. Ich nehme an, Luise geht gerade mit ihm spazieren. Das ist die Dame, mit der ich zusammenlebe. Sie hat auch den Kuchen gebacken. Vielleicht triffst du sie gleich noch.» Er warf einen Blick auf seine Armbanduhr. «Sie kommen sicher bald zurück.»

«Vielleicht sollte ich jetzt lieber gehen», meinte Friedrich und stand auf.

«Aber du kannst noch nicht gehen», sagte Kästner. «Wir haben noch gar nicht über mein neues Buch gesprochen.»

Friedrich setzte sich wieder. «Ich bin aber nicht sicher, wie ich Ihnen helfen soll», gab er zu. «Einem richtigen Schriftsteller, der so viele Bücher hat.»

«Das ist gar nicht wichtig. Menschen zählen viel mehr als Bücher. Und ein Schriftsteller – das ist einfach ein Mann, der das Glück hat, für sein Hobby bezahlt zu werden. So habe ich es jedenfalls immer gesehen.» Er zündete sich eine neue Zigarette an. «Weißt du, manchmal erinnere ich mich nicht mehr richtig daran, wie man sich als Junge wie du so fühlt, Friedrich. Das fehlt mir. Ich würde also gern wissen, was in deinem Leben wichtig ist.»

Friedrich dachte einen Moment nach. «Das ist nicht schwer», sagte er dann. «Ich lese natürlich gern. Und ich mag Autos. Mein Lieblingsauto ist ein Hispano-Suiza. Vermutlich ein J12, obwohl der H6 auch ziemlich gut ist. Und ich spiele gern mit meinen Freunden, Leo Hertz und den Knopp-Zwillingen Albert und Viktoria. Das sind keine eineiigen Zwillinge, wissen Sie, weil es ja Junge und Mädchen sind. Wir spielen gern Detektiv, genau wie in Ihrem Buch.

Dafür gehen wir meistens in den Park und suchen nach verlorenen Gegenständen, die wir dann bei der Polizeiwache abgeben. Oder wir schreiben Autokennzeichen auf, solche Sachen.»

Friedrich grübelte einen Augenblick, denn er wollte dem Schriftsteller gern helfen. «Ach ja», sagte er dann. «In den Sommerferien fahre ich mit meinen Eltern meistens an die Ostsee, und das gefällt mir immer sehr. An der See ist alles so schön und frisch, und die Luft riecht so gut. Manchmal gehen wir auch in den Zirkus. Ich liebe Zirkus. Clowns mag ich nicht, aber die Akrobaten. Was noch? Pfadfinder, ja, die mag ich auch. Ich bin selbst bei den Pfadfindern, genau wie meine Freunde. – Das ist es so ungefähr. Nicht viel, schätze ich.»

Kästner nickte. «Doch, das sind gute Ideen. Emil Tischbein macht Ferien. Vielleicht trifft er ein paar Leute vom Zirkus. Ja, das könnte funktionieren ...» Er lächelte Friedrich an. «Du warst mir eine große Hilfe, Friedrich. Genau das werde ich schreiben. Ein Abenteuer am Meer für Emil und seine Freunde. Ich bin als Junge auch furchtbar gern mit meiner Mutter ans Meer gefahren. Das tue ich immer noch gern, wenn ich ehrlich bin. Was heutzutage eher eine Seltenheit ist – ehrlich zu sein, meine ich.» Er runzelte die Stirn. «Aber davon wollen wir jetzt lieber nicht anfangen. Es ist wunderbar, einen jungen Menschen wie dich zu treffen, Friedrich. Manchmal reicht die eigene Vorstellung nämlich nicht aus. Ich habe zwar nie vergessen, wie es war, jung zu sein, doch trotzdem finde ich, wenn ich über Jungen schreibe, dann sollte ich möglichst selbst wieder einer werden. Was bedeutet, dass ich dich als meinen Berater brauche. Willst du mein Berater sein, Friedrich?»

Friedrich strahlte. «Oh ja, das will ich gern!»

«Gut. Das bedeutet auch, dass ich sooft es geht mit dir reden muss. Also, wenn du Lust hast, mir etwas zu erzählen, dann klingle bitte bei mir. Glaub mir, du tust mir damit einen Gefallen.»

Friedrich erhob sich, und der Schriftsteller stand ebenfalls auf. Gemeinsam gingen sie zur Tür.

«Ich möchte dich noch um einen weiteren Gefallen bitten, Friedrich», sagte Kästner, während er die Wohnungstür öffnete. «Bitte lies auch noch andere Bücher als *Emil und die Detektive*. Denn auch wenn jeder Mensch in Deutschland Respekt verdient, sollte doch niemand auf ein Podest gehoben werden.»

Sechstes Kapitel

Brennende Fragen am Frühstückstisch

Als Friedrich am nächsten Morgen zum Frühstück in die Küche kam, hob er verwundert die Nase. Berlin war eine große, industrielle Stadt mit vielen Fabriken und Schornsteinen, darum roch es von draußen immer ein bisschen nach Benzin und Kohle und Schwerindustrie – aber dieser Geruch war anders, viel schärfer.

«Hat hier irgendwo ein Kamin Feuer gefangen?», fragte er.

Herr Kissel grunzte hinter seiner Zeitung. Das war nichts Besonderes; Friedrichs Vater sprach morgens nur selten, wenn er seine Zeitung las.

«Oder ist das Brot angebrannt?»

Sein Vater lachte. «Schön wär's.»

«Habe ich was Lustiges gesagt?», fragte Friedrich hoffnungsvoll.

«Das ist kein verbranntes Brot, Friedrich», sagte Herr Kissel und legte die Zeitung nieder. «Was du da riechst, ist die deutsche Demokratie, die in Flammen aufgeht. Hitler hat die Republik geröstet wie ein englisches Toastbrot. Und es gibt gar nicht genug Marmelade auf der Welt, um diesen Geschmack zu überdecken.»

Friedrich setzte sich an den Tisch. Er war nicht sicher, was sein Vater meinte, aber auch das war nichts Ungewöhnliches. Er beschloss, dass sein Vater sich über irgendetwas in der Zeitung geärgert haben musste, wie so oft in letzter Zeit.

Seine Mutter goss Friedrich etwas Kaffee ein, und er warf einige Zuckerstücke in die Tasse.

«Also, ich rieche nichts», sagte Rolf.

«Du bist ja auch blind», meinte Herr Kissel, was Friedrich seltsam fand, da man schließlich keine Augen brauchte, um etwas zu riechen.

«Du irrst dich, Vater», sagte Rolf. «Ganz sicher.»

«Vielleicht. Aber es kommt den Nazis doch sehr gelegen, findest du nicht? Ich meine, ohne Parlamentsgebäude kann man schlecht wählen, oder? Das löst das Problem einer weiteren Wahl doch sehr gut.»

Das Parlament versammelte sich im sogenannten Reichstagsgebäude, das in der Nähe des Brandenburger Tors lag. Es war vor nicht allzu langer Zeit gebaut worden und schon oft Schauplatz hitziger Streitereien zwischen den vielen politischen Parteien gewesen.

«Ist irgendwas mit dem Reichstag passiert?», fragte Friedrich seinen Vater.

«Es scheint so, dass ihn jemand gestern Nacht in Brand gesteckt hat», sagte sein Vater. «Jedenfalls sagen das die Meldungen im Radio und in den Zeitungen.»

«Ist es schlimm?» Friedrich nahm einen Schluck von seinem Kaffee und bestrich dann sein Brot mit Aprikosenmarmelade. Wenn es etwas gab, was er gern zum Frühstück aß, dann war es Brot mit Aprikosenmarmelade.

«Es ist immer schlimm, wenn die Demokratie in Flammen aufgeht», sagte Herr Kissel und nahm seine Zeitung wieder zur Hand.

Rolf verdrehte die Augen. «Das weißt du nicht», sagte er.

«Ich meine, ist das Gebäude schlimm beschädigt?», wollte Friedrich wissen.

«Offenbar ist es vollkommen zerstört», antwortete Herr Kissel. «Daher der Geruch. Der Reichstag liegt nur sechs Kilometer von hier. Der Wind hat die ganze Nacht von Osten herübergeweht. Und der Gestank wird sich noch über ganz Deutschland ausbreiten.»

«Kann man den Reichstag denn nicht wieder aufbauen?», fragte Friedrich. «Oder das Parlament zieht woandershin?»

«Wohin würdest du denn vorschlagen?», sagte Rolf.

«Ich weiß nicht», sagte Friedrich. «Zum Beispiel in den Dom. Da ist doch eine Menge Platz.»

«Ich finde, das ist eine wunderbare Idee», sagte seine Mutter und goss ihm noch etwas Kaffee aus der großen Kanne ein, die auf dem Stövchen stand.

«Wenn man den Zustand der deutschen Politik bedenkt», sagte sein Vater, «halte ich den Zoo eher für den geeigneten Ort.»

«Es war bestimmt nur ein Unfall», meinte Rolf.

Herr Kissel grunzte skeptisch.

«Vater glaubt, die Nazis hätten den Reichstag niedergebrannt», erklärte Rolf.

Herr Kissel legte die Zeitung erneut hin und starrte Rolf mit finsterem Gesicht an. Friedrich fand es schade, dass sein älterer Bruder und sein Vater sich so oft stritten; besonders beim Frühstück, der einzigen Zeit, zu der sie sich überhaupt noch begegneten. Damit fing der Tag schon immer schwierig an. Manchmal fragte sich Friedrich, ob sie je wieder eine glückliche Familie sein würden.

«Nicht bloß ich», sagte Herr Kissel. «Ich und jeder andere in Berlin, nehme ich an. Und auch jeder im Ausland. Das englische Parlament besteht bereits seit siebenhundert Jahren. Und unseres hat es gerade mal neununddreißig Jahre geschafft.»

«Es können sehr gut die Kommunisten gewesen sein», sagte Rolf. «Aber dir passt es eben besser, die Nazis zu beschuldigen.»

«Warum sollten die Nazis so etwas tun?», fragte Friedrich mit kurzem Blick auf die Uhr, die über der Tür hing. Er wollte nicht zu spät zur Schule kommen.

«Gute Frage», sagte Rolf.

«Natürlich, um einen guten Grund zu haben, ein paar Kommunisten zu beschuldigen und sie dafür ins Gefängnis zu stecken», sagte Herr Kissel. «Warum sonst?»

«Wenn irgendwas Schlechtes in Deutschland passiert, denkst du immer, dass Hitler dahintersteckt», sagte Rolf.

«Ja, das tue ich. Und damit bin ich bei weitem nicht allein. Auch mein Chefredakteur sieht es so.»

«Wisst ihr, was ich glaube?», meinte Friedrich.

Rolf lachte abfällig. «Nein, aber lass hören, Fritz. Wir sind ganz Ohr.»

«Na ja, es ist nur so», sagte Friedrich. «Wenn man wie die Nazis ständig in den Straßen von Berlin herummarschiert und diese Paraden abhält, und wenn die Leute in den Paraden brennende Fackeln tragen, dann muss man sich vielleicht nicht wundern, wenn die Zuschauer sich daran erinnern und dann glauben, jemand hätte vielleicht eine von diesen brennenden Fackeln unvorsichtig weggeworfen. Auch wenn es nicht stimmt.»

«Blödsinn», murmelte Rolf.

«Sprich weiter, Friedrich», sagte Herr Kissel, der seine Söhne immer dazu ermutigte, ihre Meinung zu sagen, und bemüht war, ihnen geduldig zuzuhören. Sehr geduldig in Rolfs Fall. «Ich höre dir zu, auch wenn dein Bruder es nicht tut.»

«Also, wenn die Berliner gesehen haben, wie eine Menge Nazis brennende Fackeln durch die Straßen tragen», fuhr Friedrich fort, «dann ist es ja nur natürlich, dass sie glauben, die Nazis könnten auch etwas mit einem größeren Feuer zu tun haben. Besonders, wenn das Gebäude, das gebrannt hat, gar nicht weit vom Brandenburger Tor entfernt liegt. Man sagt doch, dass es kein Rauch ohne Feuer gibt, oder? Na ja,

vielleicht gibt es in diesem Fall kein Feuer ohne brennende Fackel.»

«Das sind alles gute Überlegungen, Friedrich», meinte seine Mutter.

«Du machst wohl Witze», sagte Rolf. «Das ist das Dämlichste, was ich je gehört habe.»

«Ganz im Gegenteil, Rolf», sagte Herr Kissel. «Ich finde, Friedrich hat recht. Die Nazis begeistern sich nach meinem Geschmack ein bisschen zu sehr für brennende Fackeln. Sie erinnern mich an diese dummen Dorfbewohner in dem Frankenstein-Film, die die Windmühle niederbrennen, in der das Monster steckt. Dieser Film mit Boris Karloff.»

Frau Kissel schauderte. «Das war ein wirklich schrecklicher Film. Daran will ich gar nicht mehr denken. Wochenlang habe ich davon Albträume gehabt.»

«Mit einem Unterschied», fuhr Herr Kissel fort. «Diesmal wurde das Monster in der Windmühle nicht von den Flammen verzehrt. Diesmal werden die Flammen es nur noch stärker machen.»

«Wie kommst du nur auf diese absurden Ideen, Vater?», fragte Rolf.

«Denk an meine Worte: Die Nazis werden dieses Feuer benutzen, um das Land noch fester in die Hand zu bekommen. Ich wäre überhaupt nicht überrascht, wenn jetzt ein paar bestimmte Gegner der Nazis verhaftet werden. Vielleicht werden sogar Zeitungen eingestellt.»

«Ich verstehe nicht, warum das ein Problem wäre», meinte Rolf. «Manche der Zeitungen sind sowieso außer Kontrolle. Waren sie schon immer.»

«Darf ich dich daran erinnern», sagte Herr Kissel, «dass ich für das *Berliner Tageblatt* arbeite? Das *BT* gehört einem Juden. Wenn die Nazis seine Zeitung einstellen, verliere ich meine Arbeit. Und wenn ich meine Arbeit verliere, verhungern wir.»

«Du übertreibst», meinte Rolf.

«Nun, wir werden sehen.»

Nur fünf Tage später kam Herr Kissel von der Arbeit nach Hause und berichtete, dass man seinen Chefredakteur Theodor Wolff entlassen hatte, weil er Jude war und die Nazis kritisiert hatte. Und dass er außer Landes geflohen war.

Siebentes Kapitel

Ein Kaufhausbesuch mit Freunden

Es war Samstag, und Friedrich hatte sich mit seinen Freunden Leo Hertz und den Knopp-Zwillingen Viktoria und Albert bei Woolworth in der Müllerstraße verabredet, im Norden der Stadt. Sie trafen sich vor der Haltestelle Lindower Straße und gingen gemeinsam zum Kaufhaus.

Viktoria und ihr Bruder Albert waren beide mehrere Zentimeter größer als Friedrich und trugen oft sehr ähnliche Kleidung, zum Beispiel kurze Hosen und karierte Flanellhemden. Sie waren keine eineiigen Zwillinge, aber Viktoria wurde oft für einen Jungen gehalten, weil sie ihre dunkelblonden Haare kurz trug, damit ihre Mutter sie nicht jeden Abend waschen

musste. Friedrich fand es manchmal hilfreich, dass Albert immer ein Barett auf dem Kopf hatte, weil er die beiden so leichter auseinanderhalten konnte. Viktoria war außerdem genauso stark wie ihr Bruder, der meist nur wenig sprach, wenn seine Schwester in der Nähe war. Was fast immer der Fall war. Leo war ebenfalls blond, hatte blaue Augen und war vermutlich der Klügste von ihnen. Und doch war es Friedrich, der zum Anführer ihrer kleinen Gruppe auserkoren worden war, weil er immer so gute Ideen hatte, was sie in ihrer Freizeit anstellen konnten. Er nahm seine Anführerschaft jedoch nicht als gegeben hin; ihm war klar, dass Viktoria sehr viel wusste, weshalb man ihr den Spitznamen «Doktor» gegeben hatte, als wäre sie jemand sehr Kluges, so wie ein Doktor oder ein Lehrer oder ein Lehrer, der außerdem ein Doktor war. Hätte Friedrich etwas an ihr kritisieren sollen, dann hätte er gesagt, dass sie manchmal zu ungeduldig war. Ihr Bruder Albert hingegen schien die Ruhe selbst zu sein. Er gab seiner Schwester gern nach, weil er respektierte, dass sie klüger war als er. Friedrich mochte Viktoria sehr. Sie wiederum bewunderte Leo, der nicht nur schlau war, sondern auch noch sehr gut aussah.

Die Kinder gingen gern zu F.W. Woolworth. In diesem Kaufhaus gab es nichts, das teurer war als fünfzig Pfennig, und man durfte alle Sachen anfassen, die auf den Tischen ausgebreitet lagen, was praktisch war, wenn man noch nicht genau wusste, was man suchte. Kurz gesagt, sie fanden alle, dass Woolworth der ideale Ort war, um sein Taschengeld auszugeben. Das Kaufhaus lag im Wedding, einem der ärmsten Stadtteile Berlins, der zudem früher einmal eine Hochburg der Kommunisten gewesen war, weshalb er auch Roter Wedding genannt wurde.

«Erinnere mich dran, dass ich Knöpfe kaufen muss», sagte Doktor zu Albert, als sie die Straße entlanggingen. «Für Mutti.»

«Gut», sagte Albert.

«Sie strickt gerade eine Jacke für unseren Vater», erklärte Doktor den anderen. «Er wird bald vierzig.»

«Meine Mutter hat auch mal eine Jacke für meinen Vater gestrickt», sagte Leo, «und das war eine absolute Katastrophe. Sie hatte knallrote Wolle genommen, und der Kragen war so riesig wie ein Gebetsschal. Ich habe noch nie etwas so Hässliches gesehen.»

«Hat er die Jacke getragen?», wollte Friedrich wissen.

«Machst du Witze? Du kennst meine Mutter nicht. Er hasst die Jacke, aber er hatte keine andere Wahl. Meine Mutter hätte ihn umgebracht, wenn er sie nicht getragen hätte. Auch wenn er darin wie eine riesige Erdbeere aussah. Nur die Größe stimmte. Sie war riesig.»

«Meine Mutter hat mal versucht, mir Stricken beizubringen», sagte Doktor. «Aber ich habe nicht die Geduld dazu. Oder die Finger. Oder die Lust.»

«Oder die Wolle», meinte Albert.

«Warum hat sie ausgerechnet rote Wolle genommen?», wollte Friedrich wissen.

«Weil es die bei Wertheim im Angebot gab», erklärte Leo. Wertheim war ein berühmtes Berliner Kaufhaus. «Ich nehme an, niemand sonst wollte so viel rote Wolle haben.»

«Kein Wunder», meinte Doktor. «Der Wedding ist vermutlich der einzige Ort in Berlin, wo man ungestraft eine rote Strickjacke tragen könnte.»

«Nicht mehr», sagte Leo. «Hier an den Gebäuden standen früher immer irgendwelche kommunistischen Sprüche. Die hat man jetzt alle entfernt.»

«Als wir zum letzten Mal hier waren», sagte Friedrich, «gab es doch diese Straßenschlacht zwischen den Kommunisten und den Nazis, erinnert ihr euch? Die Kommunisten haben den Braunhemden aufgelauert, und die Polizei musste einschreiten, sonst hätte es noch Verletzte gegeben oder vielleicht sogar Tote.»

«Alle Kommunisten sind jetzt untergetaucht», meinte Leo. «Seit sie für den Reichstagsbrand verantwortlich gemacht wurden. Ich glaube nicht, dass wir heute welche sehen.»

Friedrich fand, dass Leo beinahe enttäuscht klang.

Noch bevor sie das Kaufhaus erreichten, merkten sie, dass auf der Müllerstraße etwas Ungewöhnliches im Gange war. Zunächst hörten sie zwei Männer ein Nazilied singen; dann sahen sie, dass sich eine Gruppe von Menschen auf dem Fußweg vor Woolworth versammelt hatte; doch erst kurz vor dem Kaufhaus erkannten sie, was los war.

Drei Braunhemden standen im Eingang von Woolworth und hatten sich offenbar vorgenommen, niemanden hineinzulassen. So etwas nannte sich Boykott. Sie trugen Mützen mit Lederriemen unter dem Kinn und schwere Stiefel, die sehr gut geeignet waren, jemanden damit zu treten. Zwei der Braunhemden hatten dicke Brillen auf den Nasen und ähnelten nur wenig Vertretern der sogenannten Herrenrasse, von der die Nazis so gern sprachen – große, blonde, blauäugige Menschen, die ihrer Meinung nach anderen Menschen überlegen waren. Friedrich fand, der eine sah viel eher aus wie eine hässliche braune Kröte. Und keiner von ihnen konnte besonders gut singen, dachte er, als er sie ihr Lied grölen hörte. Es enthielt sehr unschöne Verse, was es in seinen Ohren noch abscheulicher machte. Einige Fotografen schossen Fotos von den Geschehnissen. Friedrich meinte zu erkennen, dass einer von ihnen amerikanisch sprach, und er betrachtete ihn ebenso interessiert wie dieser die drei Braunhemden.

«Gehen Sie hier nicht rein, meine Dame», sagte einer der Braunhemden zu einer dicken Frau, die auf den Eingang zukam. «F. W. Woolworth ist in jüdischem Besitz.»

«Na und?», sagte die Frau. «Das ist ein Kaufhaus und kein Tempel. Es gibt Leute, die den Unterschied kennen.»

«Sie sollten nur bei Deutschen kaufen», beharrte der Mann, und nachdem er die Frau erfolgreich verscheucht hatte, fing er mit noch größerem Elan als zuvor wieder an zu singen.

«Was haben die Nazis eigentlich gegen die Juden?», fragte Albert. Er richtete seine Frage an Leo, weil Leo Jude war, obwohl keiner von ihnen es gewusst hatte, bevor ihr schrecklicher Lehrer Dr. Braun es erwähnt hatte. Weder Friedrich noch irgendein anderer Junge in ihrer Klasse hätte das in irgendeiner Weise wichtig gefunden.

«Alles», sagte Leo.

«Ja, aber warum?», fragte Albert. «Was haben die Juden denn Schlimmes getan?»

«Na ja, vor allem haben sie Jesus getötet», sagte seine Schwester. «Das ist zumindest der historische Grund, warum die Leute sie nicht mögen. Wegen der Kreuzigung.»

«Aber das ist doch schon fast zweitausend Jahre her», sagte Albert.

«Eigentlich», meinte Leo, «waren es die Römer, die Jesus Christus getötet haben. Und das waren Italiener. Also die Verbündeten der Nazis. Das erklärt also nicht wirklich, warum die Nazis uns nicht mögen. Nein, ich glaube, sie mögen uns deshalb nicht, weil es so bequem ist, jemandem die Schuld zu geben, wenn etwas schiefläuft. Die Menschen haben den Juden schon immer an irgendwas die Schuld gegeben, also beschweren wir uns schon gar nicht mehr darüber. Aber ich bin so nicht. Niemand soll mich für etwas beschuldigen, das ich nicht getan habe.»

«Das finde ich auch», sagte Friedrich. «Aber was sollen wir jetzt wegen Woolworth machen?»

«Meine Mutter braucht unbedingt die Knöpfe», sagte Doktor.

«Ich weiß ja nicht, was ihr macht», sagte Leo. «Aber ich gehe rein.»

«Willst du das wirklich versuchen?», fragte Doktor. «Diese Nazis sehen ziemlich unangenehm aus.»

«Vielleicht», meinte Leo. «Aber sie sind auch dumm.»

«Was meinst du damit?»

Doch Leo drängte sich bereits durch die Menge auf dem Bürgersteig und ging direkt auf den Eingang zu.

«He. Du da!»

Einer der Männer hatte aufgehört zu singen und drückte

Leo eine Hand auf die Brust. Friedrich hielt den Atem an. Er hatte schon gesehen, wozu die Braunhemden fähig waren: Einige von ihnen verprügelten nur zu gern andere Leute oder traten sie mit ihren Springerstiefeln. Die meisten von ihnen terrorisierten Andersdenkende.

«Geh hier nicht rein, Junge», sagte er. «Woolworth ist ein jüdisches Geschäft.»

«Ist es nicht», sagte Leo mit fester Stimme.

«Was sagst du?»

«Es stimmt nicht, was Sie sagen. Dieses Geschäft gehört keinem Juden.» Leo sprach laut und deutlich, sodass ihn jeder auf dem Bürgersteig vor dem Eingang hören konnte, auch die Fotografen. «Sie sind leider im Unrecht.»

«Sagt wer?», meinte der Mann.

Die Leute auf dem Bürgersteig schwiegen, um zu hören, was Leo als Nächstes sagen würde. Irgendwie wusste Friedrich auf einmal, dass sein Freund damit durchkommen würde.

«Dieses Kaufhaus», wiederholte Leo, «gehört überhaupt keinem Juden. Das habe ich in der Zeitung meines Vaters gelesen. Einer deutschen Zeitung, darum muss es stimmen. Herr Frank Woolworth war ein amerikanischer Methodist. Und falls Sie es nicht wissen: Die Methodisten sind Christen. Also kann das hier kein jüdisches Geschäft sein. Es gibt bestimmt eine Menge jüdische Läden in Berlin, die Sie boykottieren können. Aber das hier gehört ganz sicher nicht dazu.»

«Der Junge hat recht», sagte jemand in der Menge. «Die Familie Woolworth ist überhaupt nicht jüdisch.»

Jetzt lachten die Leute, und die drei Braunhemden sangen nicht mehr, sondern sahen sich hilflos an. Der, der aussah wie eine braune Kröte, nahm seine dicke runde Brille ab und putzte sie nervös. Vielleicht war ihm gerade eingefallen, wo er war, dachte Friedrich: im Roten Wedding. Viele der Menschen auf dem Fußweg konnten Kommunisten sein.

«Bevor ihr euch in anderer Leute Angelegenheiten einmischt, solltet ihr euch besser informieren», sagte jemand anderes.

«Genau», hörte man eine weitere Stimme. «Haut ab und boykottiert irgendwo anders.»

Und als sie es schließlich taten – verschämt und dümmlich grinsend –, hätte Friedrich am liebsten laut gejubelt. Oder seinem Freund Leo einen Orden für seinen Mut verliehen. Er folgte ihm schnell ins Kaufhaus und schlug ihm begeistert auf den Rücken.

«Toll gemacht, Leo», sagte er. «Du warst großartig.»

«Wie du mit denen geredet hast», sagte Doktor. «Das war ja so mutig!»

«Genau», meinte Albert.

Aber Leo selbst sah nicht glücklich aus.

«Was ist los?», fragte Friedrich. «Du hattest recht. Und sie unrecht. Du hast gewonnen. Die haben sich total blamiert.»

«Du verstehst nicht», sagte Leo. «Sie sind nur abgezogen, weil dies hier kein jüdisches Geschäft ist. Das macht die Sache aber nicht besser. Wäre es ein jüdisches Geschäft gewesen, wären sie immer noch da draußen und würden die Leute abhalten, hier einzukaufen.» Er holte tief Luft. «Begreift ihr nicht? Ich habe eine Schlacht gewonnen, aber keinen Krieg. Und genau das ist es. Sie führen Krieg gegen uns Juden. Nur, dass wir das nicht wahrhaben wollen.»

Achtes Kapitel

Es wird noch schlimmer

Einige Wochen nach dem Vorfall bei Woolworth tauchte an der Wand von Friedrichs Klassenzimmer ein Porträt von Adolf Hitler auf, und zwar neben dem hölzernen Kruzifix, das schon immer dort gehangen hatte. Das Bild von Hitler machte Friedrich nervös; der Mann schien ihm mit seinen stechenden Augen direkt ins Herz zu sehen. Friedrich hatte immer das Gefühl, dass Deutschlands neuer Führer bestimmt wusste, oder zumindest doch ahnte, dass er, Friedrich, kein Nazi war, so wie Herr Kästner gesagt hatte. Natürlich war ihm klar, dass das nicht wirklich sein konnte, doch jedes Mal, wenn er den intensiven Blick des Mannes auf dem Bild sah, fühlte er sich unwohl.

Keiner wusste, wer das Bild aufgehängt hatte, doch der Verdacht fiel schnell auf Dr. Braun, der die Jungen in Mathematik unterrichtete. Dr. Braun war vermutlich der unbeliebteste Lehrer der ganzen Schule, und alle hassten und fürchteten ihn. Im Gegensatz zu Frau Weber war Dr. Braun grausam und sarkastisch und schien weder gern zu unterrichten noch die Schüler zu mögen, die zu unterrichten er bezahlt wurde. Außerdem war er ein großer Bewunderer der Nazis und sagte beim Betreten des Klassenraums jedes Mal «Heil Hitler». Es schien ihn zu ärgern, dass keiner ihn auf die gleiche Art begrüßte. Doch am schlimmsten fand Friedrich, dass Dr. Braun ständig auf Leo herumhackte, dem einzigen jüdischen Jungen in der Klasse. Alle seine Witze – die kein bisschen lustig waren – richteten sich gegen Leo. Friedrich war entschlossen, Leos Freund zu bleiben, auch wenn Dr. Braun ebenso entschlossen schien, ihm diese Freundschaft auszutreiben.

«Keiner an dieser Schule, der Deutschland liebt», sagte Dr. Braun, «kann mit einem Juden befreundet sein.» Er schien diese Bemerkung direkt an Friedrich zu richten, der immer neben Leo saß. «Und ich warne jeden, der anderer Meinung ist: Er begeht einen großen Fehler.»

Zufälligerweise war Leo der Beste in Mathematik; Frau Weber sagte immer, er wäre «begabt», doch selbst das nützte ihm bei Dr. Braun nichts. Der Lehrer erklärte sein besonderes Talent für Zahlen einfach damit, dass Juden eben gut mit Geld umgehen könnten und man ihnen darum nicht vertrauen könne.

«Denkt an meine Worte, Jungs: Eines Tages wird ein Jude versuchen, euch übers Ohr zu hauen. Es liegt einfach in ihrer Natur.»

Im April spitzte sich die Lage schließlich zu. Dr. Braun erklärte der Klasse gerade die Prozentrechnung.

«Es gibt sechsundsechzig Millionen Menschen in Deutschland», sagte er. «Unglücklicherweise sind 499 000 davon Juden. Das ist fast eine halbe Million. Eine halbe Million Menschen, die sich nicht für deutsche Werte und unseren Lebensstil interessieren. Aber wer kann mir sagen, wie viel Prozent 499 000 vom Ganzen sind?»

Dr. Braun wartete auf eine Antwort, doch niemand sagte etwas. Allerdings nicht, weil Friedrich oder seine Klassenkameraden die Aufgabe nicht ausrechnen konnten. Ihnen gefiel nur die Art und Weise der Frage nicht. Es war ihnen unangenehm, dass einer ihrer Klassenkameraden damit beleidigt wurde.

«Kommt schon», drängte Dr. Braun ungeduldig. «Es muss doch jemanden geben, der mir die Antwort sagen kann. Das kann doch nicht wahr sein. Einer von euch wird das doch wohl ausrechnen können. Also?»

Schließlich hob Leo die Hand. Friedrich bewunderte seinen Mut. Dies hier schien eine noch gewagtere Tat, als die Braunhemden vor Woolworth zu belehren. Leo riskierte nur einen weiteren Scherz auf seine Kosten, und Dr. Braun enttäuschte ihn nicht.

«Ja, das war ja klar, dass du die Lösung weißt, Hertz», meinte der Lehrer entnervt. «Nach all den Jahrhunderten, die eure Rasse Geld an anständige, hart arbeitende, ehrliche Deutsche verliehen hat, beherrscht ihr Prozentrechnungen aus dem Effeff, nicht wahr? Aber gut, dann sag es uns. Was macht 499 000 aus sechsundsechzig Millionen?»

Leo stand auf. Er entsprach von allen Jungen am ehesten dem deutschen Schönheitsideal und ähnelte kein bisschen der Karikatur eines Juden, die Dr. Braun so gern darstellte. Seine Familie war weder reich, noch hatte sie jemals einen Menschen betrogen. Er besaß keine große Nase und war vermutlich der großzügigste Junge, den Friedrich je getroffen hatte.

«Die Antwort auf Ihre Frage», sagte Leo, «lautet 0,7561 Prozent – eine Zahl, die, wie Sie bestätigen werden, statistisch unbedeutend ist, da die 99,2439 Prozent der christlichen Deutschen in diesem großartigen Land wohl kaum etwas von einer solch lächerlich kleinen Zahl von Juden zu befürchten haben.»

Die Schüler keuchten – zum einen wegen der Präzision von Leos Antwort und der Würde, mit der er sie vorgetragen hatte; zum anderen wegen der absolut vernünftigen Schlussfolgerung, die er aus dem Ergebnis gezogen hatte. Friedrich hätte ihm am liebsten zugejubelt.

Einen Moment lang war selbst Dr. Braun sprachlos.

Doch Leo war noch nicht fertig. Er verbeugte sich mit ernster Miene vor Dr. Braun, sammelte seine Bücher ein und verließ dann ohne ein weiteres Wort das Klassenzimmer. Er kehrte nie zurück.

Ein paar Tage später informierte Dr. Braun die Jungen befriedigt darüber, dass die Nazis ein neues Gesetz gegen die Überfüllung an deutschen Schulen erlassen hätten, dessen Folge

wäre, dass Leo Hertz das Mommsen-Gymnasium nicht mehr besuchen dürfte.

Friedrich war traurig, dass Leo nicht mehr in seiner Klasse war. Doch gleichzeitig war er erleichtert, dass sein Freund nun nicht mehr Zielscheibe von Dr. Brauns scheußlichen Bemerkungen sein würde. Bald nach diesem Vorfall verließ die Familie Hertz Berlin, und es sollte einige Monate dauern, bis Friedrich seinen Freund wiedersah.

Was mit Leo geschehen war, war schlimm genug – doch es sollte noch schlimmer kommen, denn schon bald folgte ein neues Gesetz. Dieses nannte sich Gesetz zur Wiederherstellung des Berufsbeamtentums, und in seiner Folge verlor Frau Weber ihre Anstellung am Mommsen-Gymnasium. Dr. Braun selbst ließ es sich nicht nehmen, Friedrichs Klasse die Neuigkeit selbst zu überbringen, und er tat es mit offenkundiger Genugtuung.

«Eure Lehrerin hat beschlossen, sich frühzeitig in den Ruhestand versetzen zu lassen», erklärte er der entsetzten Klasse. «Damit bin ich ab heute euer neuer Klassenlehrer. Euren dämlichen Gesichtsausdrücken nach zu schließen sind viele von euch darüber enttäuscht. Aber das solltet ihr nicht. Und ich werde euch auch erklären, warum. Diese Frau war eine erklärte Sozialistin. So ist es, Jungs, eine Bolschewikin, und sehr wahrscheinlich plante sie den Umsturz des deutschen Staates, was bedeutet, dass sie in keinster Weise dafür geeignet war, den Verstand der deutschen Jugend zu bilden. Wenn man unterstellt, dass ihr überhaupt Verstand besitzt. Falls ihr diese Frau je auf der Straße trefft, dann würde ich euch raten, sie ebenso zu meiden wie ein gefährliches Tier. Ich übertreibe nicht. Würdet ihr in Russland zur Schule gehen, dann würdet ihr sehen, dass die Jungen dort keineswegs so frei sind wie ihr. Und dass man ihnen beigebracht hat, die Freiheiten zu hassen, die wir Deutschen für selbstverständlich halten. Glücklicherweise ist Hitler gekommen, um Deutschland vor dieser kommunistischen Gefahr zu bewahren. – Apropos ...»

Dr. Braun klopfte einem der Jungen mit den Fingerknöcheln auf den Kopf, als wolle er ihnen allen gleichzeitig etwas einbläuen. Das tat er oft, wenn er etwas betonen wollte. Was das Leben für die Jungen in der ersten Reihe nicht gerade einfach machte.

«In Zukunft», sagte er, «erwarte ich von euch, dass ihr morgens mit mir zusammen ‹Heil Hitler› sagt und den Hitlergruß macht. Ist das klar? Jeder, der sich weigert, wird bestraft und kann sich schon mal eine andere Schule suchen.»

An diesem Nachmittag ging Friedrich niedergeschlagen nach Hause. Die Aussicht, in Zukunft von dem schrecklichen Dr. Braun unterrichtet zu werden, hatte ihn vollkommen deprimiert. Er fühlte sich so elend, dass er bis zum Lehniner Platz ging und weiter zum Kabarett der Komiker in der Hoffnung, dort Herrn Robitschek zu treffen und von seinen Witzen aufgemuntert zu werden. Wenn ihn jetzt irgendjemand zum Lachen bringen konnte, dann war es Herr Robitschek, selbst wenn er die Witze des Kabarettbesitzers zum Teil erst viel später verstand.

Doch was ihn im Kabarett der Komiker erwartete, traf ihn gänzlich unerwartet. Das Wandgemälde von Walter Trier in der Eingangshalle wurde gerade übermalt, und als Friedrich am Kartenschalter nach Herrn Robitschek fragte, gab man ihm zur Antwort, dass das Kabarett mittlerweile einem Herrn Schindler gehöre.

«Aber wo ist Herr Robitschek denn jetzt? Ich bin ein Freund von ihm», fragte Friedrich die Dame am Schalter.

Die Kartenverkäuferin lehnte sich über den Tresen und sagte mit gesenkter Stimme: «Robitschek hat Deutschland für immer verlassen, und wenn du meinen Rat hören willst, Junge, dann sagst du in Zukunft nicht mehr, dass du ein Freund von ihm bist. Schon gar nicht hier. Glaub mir, mit so einem Freund wirst du dir nur Feinde machen. Die Wände haben Ohren, stimmt's?»

Friedrich drehte sich um und sah gerade noch, wie ein Mann mit einem dicken Pinsel die großen Ohren des Schimpansen übertünchte.

«Jetzt nicht mehr», sagte er und stellte fest, dass er gerade einen Witz gemacht hatte, der Herrn Robitschek sicherlich gefallen hätte.

Neuntes Kapitel

Ein neuer Tag, ein neues Gesetz

Wenn es regnet, dann meist gleich aus Eimern. Und mit Sicherheit galt das für das Jahr 1933 in Deutschland, ganz besonders im April.

Und darum war Friedrich froh, als es endlich Mai wurde und die Linden grünten – die Bäume, für die Berlin so berühmt war. Es war ein langer Winter gewesen. Lange kalte Winter waren in Berlin keine Seltenheit, doch irgendwie schien dieser länger und kälter gewesen zu sein als sonst. Friedrich wusste, dass es immer noch zu früh war für die kleinen, duftenden Lindenblüten, die im späten Juni oder Anfang Juli den Beginn des Sommers ankündigen würden; aber man ahnte bereits jetzt, dass der Sommer nicht mehr fern sein konnte, und jeder Berliner atmete erleichtert auf.

An warmen Tagen gingen Friedrichs Eltern wie die meisten Berliner gern unter den Linden spazieren, und zwar auf der langen Straße, die nach ebendiesen Bäumen benannt worden war und die vom Brandenburger Tor bis zu Rolfs Universität und dem Berliner Opernhaus verlief. Daher glaubte Frau Kissel ihren Ohren nicht zu trauen, als Friedrichs Vater eines Tages von der Arbeit nach Hause kam und erklärte, dass alle Lindenbäume gefällt werden sollten. Die Familie hatte gerade ihr Abendessen beendet, als Herr Kissel die Neuigkeit verkündete.

«Aber warum?», fragte Friedrichs Mutter und hörte einen Augenblick damit auf, das benutzte Geschirr zusammenzustellen. «Sind die Bäume krank? Es gibt eine kleine rote Milbe, die die Knospen frisst, glaube ich. Erzähl mir bitte nicht, dass die Linden von diesen Milben befallen sind. Ich könnte es nicht ertragen. Du hast mir unter den Linden deinen Heiratsantrag gemacht, Ernst. Wir haben im Hotel Adlon gegessen und sind dann dort spazieren gegangen. Weißt du noch?»

«Das habe ich nicht vergessen.» Friedrichs Vater schüttelte steif den Kopf. «Nein, es ist schlimmer als ein paar Schädlinge. Die Nazis haben beschlossen, die Bäume zu fällen, damit sie ihre Militärparaden vom Brandenburger Tor bis zum Zeughaus abhalten können. Anscheinend stehen die Bäume im Weg.» Er starrte Rolf grimmig an, als wäre sein ältester Sohn persönlich dafür verantwortlich, dass den Berliner Linden die Axt angelegt werden sollte. «Als wäre die Siegerstraße nicht breit genug dafür.»

«Nein», sagte Friedrichs Mutter. «Ich kann es nicht glauben. Du machst doch Scherze.»

«Das tue ich nicht. Es ist mir vollkommen ernst, ebenso wie denen.»

«Aber das ist das Lächerlichste, was ich je gehört habe.» Frau Kissel sah Rolf stirnrunzelnd an.

«Guck mich nicht so an», beschwerte sich Rolf. «Das war nicht meine Entscheidung.»

«Aber du bist doch Mitglied der NSDAP, oder nicht?», fragte sein Vater.

Rolf warf Friedrich einen bösen Blick zu, aber der schüttelte den Kopf.

«Ich habe ihm nichts gesagt, ich schwöre.»

«Von deinem Bruder habe ich es nicht gehört, also beschwer dich nicht bei ihm.» Herr Kissel zündete seine Pfeife an und lehnte sich in seinem Stuhl zurück. «Es war jemand bei der Zeitung. Jemand beim *BT*, der auch an deiner Universität unterrichtet. Er hat mir zu meinem patriotischen Sohn gratuliert. Und meinte offenbar dich damit. Auch wenn ich keine Ahnung habe, was Patriotismus mit den Nazis zu tun haben soll. Hitler wird nicht zufrieden sein, bis er dieses Land durch einen weiteren Krieg gegen Russland vernichtet hat.»

«Was kann man auch anderes von einem Österreicher erwarten», sagte Frau Kissel und fing wieder an, den Tisch abzuräumen. «Hitler hat Berlin nie gemocht. Vielleicht will er uns bestrafen.» Sie nahm den Tellerstapel und trug ihn in die Küche.

«Kann man ihm das verdenken?», sagte Rolf. «Berlin ist die einzige Stadt in ganz Deutschland, die bei der Wahl nicht für Hitler gestimmt hat. Kein Wunder, dass er uns hasst. Ich wundere mich, dass er die Hauptstadt nicht schon längst verlegt hat. Nach München, zum Beispiel.»

«Es war unser Recht, jemand anderen zu wählen», sagte Herr Kissel. «Wir verdanken es einer kleinen Sache namens Demokratie. So wie auch die Freiheit des Denkens und der Rede. Altmodische Dinge, die deinen Nazifreunden offenbar nichts bedeuten.»

«Der Einzige, der hier altmodisch ist, bist du», sagte Rolf.

«Rolf!», rief Frau Kissel aus der Küche. «Entschuldige dich sofort bei deinem Vater.»

«Nein, nein, er hat recht», sagte Herr Kissel. «Ich bin altmodisch. Das muss ich wohl sein. Ich glaube nämlich immer noch an Recht und Gesetz.»

«Hitler auch», warf Friedrich ein. «Er macht ständig neue Gesetze.»

«Nun, das stimmt», sagte Herr Kissel. «Das tut er. Aber offenbar nur, um Leute zu entlassen oder um Juden an ihren Geschäften zu hindern. Und darin liegt keine Gerechtigkeit. Ein paar Männer bei der Zeitung haben mir berichtet, dass bereits ein neues Gesetz auf den Weg gebracht wurde. Eines mit einem seltsam allgemeinen Namen: Es heißt Gesetz zum Schutz des Deutschen Volkes.»

«Was bedeutet das?», fragte Friedrich.

«Ich bin nicht sicher», antwortete sein Vater. «Doch es klingt wie die Sorte von Gesetz, die sich auf alles anwenden lässt, was Hitler so einfällt. Denk an meine Worte, Friedrich: Dies ist ein Gesetz, das *gegen* das deutsche Volk angewandt werden wird, nicht zu seinem Schutz.»

«Das ist doch Unsinn», sagte Rolf. «Ich habe gehört, es ist ein Gesetz, um die wahren deutschen Werte zu schützen.»

«Welche auch immer das sein sollen.» Herr Kissel erhob sich vom Tisch und zündete seine mittlerweile erloschene Pfeife wieder an, was immer einige Zeit dauerte und ihm Gelegenheit zum Nachdenken gab. Manchmal glaubte Friedrich, dass das der Hauptgrund war, weshalb sein Vater rauchte. «Ich will nicht mit dir streiten, Rolf», sagte er dann traurig. «Das Leben ist zu kurz, um es damit zu vergeuden, sich mit jemandem zu streiten, der gegenüber den Dingen, die in diesem Land passieren, so blind ist wie du. Ich will mich jetzt einfach nur in meinen Sessel setzen und lesen und einen ruhigen Abend genießen.»

Friedrich und Rolf halfen ihrer Mutter dabei, den Tisch fertig abzuräumen. Dann gingen auch sie ins Wohnzimmer, wo ihr Vater in seinem Sessel saß und las.

«Was liest du da, Vater?», fragte Friedrich, der sich immer für die Lektüre anderer Leute interessierte. Außerdem hoffte er, mit dieser Frage wieder etwas Harmonie in den Abend zurückzubringen.

«Ein paar Essays von Alfred Kerr», antwortete sein Vater.

«Dieser Jude», schnaubte Rolf und ließ sich auf dem Sofa nieder.

«Ist er das?», sagte Herr Kissel und legte sein Buch hin. «Ich weiß nur, dass er ein hervorragender Schriftsteller ist. Ein hervorragender deutscher Schriftsteller.»

Rolf lachte höhnisch. «Nicht mehr lange. Wenn du meinen Rat hören willst, dann genieß dieses dumme Buch, solange du noch kannst.»

«Und was genau soll das wieder heißen?», wollte Friedrichs Vater wissen.

«Nichts», sagte Rolf, der keinen weiteren Streit mit seinem Vater wollte.

«Oh, nein», beharrte Herr Kissel. «Nur raus damit.»

Rolf sah unbehaglich aus. «Na ja, noch ist nichts endgültig entschieden», sagte er. «Aber es wird gerade eine schwarze Liste zusammengestellt. Und sie wird ständig länger.»

«Was für eine schwarze Liste?», fragte Herr Kissel.

«Nun, es ist genau, wie du gesagt hast, Vater. Es ist eine Liste zum Schutz der deutschen Bevölkerung. Es wird eine ‹Aktion wider den undeutschen Geist› geben. Eine Aktion gegen Schriftsteller, die die Regierung für schädlich hält. Damit wir unsere Schulen und Büchereien von allem befreien können, was sich gegen unsere Überzeugungen richtet. Die Jugend muss geschützt werden. Undeutsche Schriftsteller dürfen in Deutschland keine Plattform für ihre Ideen bekommen. Die deutsche Studentenschaft leitet die Aktion.»

«Und wie soll diese ‹Aktion› genau aussehen?», fragte Herr Kissel mit drohendem Unterton.

Rolf sah ihn nur kurz an. «Die Bibliotheken und Buchhandlungen wurden bereits von undeutschen Schriften gesäubert. Fast zwanzigtausend Bücher sind es schon.»

«Zwanzigtausend?», rief Friedrich. «Das sind aber viele!»

«Und was soll mit all diesen Büchern passieren?», fragte sein Vater jetzt. «Will die Studentenschaft sie verkaufen? Falls ja, dann werde ich gern eine Kiste undeutscher Bücher nehmen. Oder lieber zwei.»

«Du verstehst nicht», sagte Rolf. «Vielleicht habe ich mich auch nicht klar ausgedrückt. All die Bücher und Schriftsteller, die auf der schwarzen Liste stehen, werden sofort verboten. Jeder, der im Besitz von solchen Büchern ist, begeht ein Verbrechen. Und damit die Leute das begreifen, werden die Bücher von bestimmten Schriftstellern aus den Bibliotheken, aber auch alle Bücher, die wir zu Hause in unseren eigenen Regalen finden – all diese Bücher werden am 10. Mai verbrannt. Auf einem großen Scheiterhaufen, der von der Studentenschaft organisiert wird.»

Herr Kissel schwieg. Er saß sehr still da und sah plötzlich sehr müde aus, fand Friedrich.

Nach einer langen Pause sagte er: «Und wer steht außer Alfred Kerr noch auf dieser dummen Liste?»

Rolf setzte sich aufrecht hin. «Karl Marx, Heinrich Mann, Thomas Mann. Erich Maria Remarque ... und noch viele andere», sagte er.

«Remarque?», wiederholte Herr Kissel aufgebracht. «Was hat er den Nazis denn getan?»

«Er ist Pazifist», antwortete Rolf. «Wenn Deutschland je wieder zu militärischer Stärke kommen will, dann ist es nicht besonders gut, wenn Leute wie Remarque verbreiten, dass jeder Krieg schlecht ist. Wir müssen Deutschland wieder groß machen, damit wir nicht länger herumkommandiert werden. Und das bedeutet, dass Deutschland Schriftsteller wie ihn nicht braucht. Ebenso wenig wie deinen Freund Kästner.»

«Erich?», rief Frau Kissel aus, die ihre Unterhaltung aus der Küche gehört hatte und eben ins Wohnzimmer gekommen war. «Was hat er denn getan?»

«Er ist auch Pazifist, oder etwa nicht?», sagte Rolf aufmüpfig.

Friedrich schüttelte ungläubig den Kopf. «Die können doch nicht wirklich Erich Kästners Buch verbrennen wollen.»

«Oh doch», sagte Rolf. «Und wenn du keine Schwierigkeiten haben willst, dann wirst du deine Ausgabe schön herausrücken, Friedrich.»

«Aber es ist ein Kinderbuch!», sagte Frau Kissel. «Und ganz abgesehen davon, ist Erich Kästner ein Freund unserer Familie. Ein guter Freund.»

Friedrich war entsetzt. Doch nach einem Augenblick entschied er, dass Rolf all das nicht ernst meinen konnte. «Ich glaube dir nicht, Rolf. Du machst doch nur Witze.»

«Ich mache keine Witze», antwortete sein Bruder.

Frau Kissel stützte sich auf die Rückenlehne des Sessels, in dem ihr Mann saß. «Erst die Linden», sagte sie leise, «und jetzt das.»

«Was?», rief Friedrich. «Sie wollen wirklich *Emil und die Detektive* verbrennen?»

«Ja», sagte Rolf.

Friedrich fand, sein Bruder klänge beinahe stolz auf das, was da geplant war.

«Und nicht bloß dieses Buch», fügte er hinzu. «Wir werden alle seine dummen Bücher verbrennen.»

Herr Kissel paffte eine Weile schweigend seine Pfeife. Dann drehte er sich um und stellte das Radio an, als wolle er kein weiteres Wort von seinem Sohn hören.

Zehntes Kapitel

Die Nacht am Opernplatz

Es war der Tag der Bücherverbrennung, und Rolf stand in der Tür zu Friedrichs Zimmer. Er trug seine Armbinde, obwohl sein Vater ihm gesagt hatte, dass er in seinem Haus kein Hakenkreuz sehen wollte.

«Gib es her», sagte Rolf. «Gib mir das Buch.»

«Es ist mir ganz egal, was du sagst: Du kriegst mein *Emil und die Detektive* nicht, du kannst machen, was du willst!», schrie Friedrich. «Das Buch bedeutet mir viel zu viel, auch wenn du das nicht verstehst. Und außerdem ist es wertvoll! Weil es vom Schriftsteller signiert wurde! Und das bedeutet, dass du es nicht haben kannst. Außerdem ist Herr Kästner mein Freund. Ich könnte ihm nie wieder in die Augen sehen, wenn ich erlauben würde, dass du und diese brutalen Kerle es verbrennt.»

«Selbst wenn der amerikanische Präsident oder der englische König da reingeschrieben hätten», sagte Rolf. «Dieses Buch kommt auf den Scheiterhaufen.»

«Nein, tut es nicht, und du kannst mich nicht zwingen, es dir zu geben. Ich werde es irgendwo verstecken, wo du es niemals findest!»

«Wenn du es mir nicht gibst, Fritz, dann erzähle ich deinem Lehrer Dr. Braun, dass du dich geweigert hast. Sein Sohn Johann studiert mit mir, und er hat mir erzählt, dass ihr alle Angst vor seinem Vater habt. Ich frage mich, was er wohl mit Schülern macht, die Bücher von gefährlichen Schriftstellern lesen.»

«Das tust du nicht.»

«Ach nein? Ich weiß genau, was er dann macht. Er wird die Polizei informieren. Nur durch den Besitz dieses Buches begehst du schon ein Verbrechen. Wenn er ihnen sagt, dass du so ein Buch hast, dann kannst du ins Gefängnis kommen. Auf jeden Fall fliegst du aus der Schule. Und dann war es das mit deinem Traum, Detektiv zu werden. Denn die Polizei stellt niemanden ein, der ein Verbrechen verübt hat.»

«Du kriegst es trotzdem nicht», beharrte Friedrich.

Rolf machte einen Schritt ins Zimmer. «Gib mir das Buch, du kleines Schwein.»

Friedrich schwieg und verschränkte die Arme.

«Willst du ins Gefängnis, Friedrich?», fragte Rolf.

Friedrich musste zugeben, dass er das nicht wollte. Manchmal ging er am Berliner Gefängnis in Moabit vorbei. Es war ein schreckliches Backsteingebäude, das von riesigen Mauern umringt war, und es hatte eine so unheimliche Ausstrahlung, dass es manchmal sogar in Friedrichs Albträumen auftauchte.

Und darum übergab er seinem Bruder schließlich seine geliebte Ausgabe von *Emil und die Detektive*, die Erich Kästner selbst signiert hatte. Er hasste Rolf dafür, dass er ihn dazu zwang; hasste ihn für seine dumme Armbinde und seine Bewunderung für Adolf Hitler; hasste ihn dafür, dass er seine Eltern mit seiner Art verärgerte. Doch noch mehr hasste er sich selbst dafür, dass er so wenig Mut besaß. Dass er nicht so war wie Leo Hertz und den Schneid hatte, sich gegen einen ekelhaften Rüpel zu wehren, selbst wenn dieser ekelhafte Rüpel sein eigener Bruder war. Doch was konnte er schon ausrichten? Wie alle anderen in seiner Klasse hatte Friedrich schreckliche Angst vor Dr. Braun. Und Rolf hatte recht: Dr. Braun würde es bestimmt der Polizei melden, wenn ein Junge eine verbotene Ausgabe von *Emil und die Detektive* besaß. Friedrich war sicher, dass er sogar Vergnügen daran hätte.

«Es ist nur zu deinem Besten, Friedrich, kapierst du das nicht? Es sind Leute wie Kästner und ihre verdrehten Bücher, die dieses Land kaputt machen. Wenn wir Deutschland je wieder stark machen wollen, dann müssen wir über solche wichtigen Dinge dasselbe denken.»

Friedrich starrte seinen Bruder wütend an. «Hast du eigentlich jemals gern ein Buch gelesen, Rolf? Ich glaube nicht. Ich glaube, ich habe dich überhaupt noch nie mit einem Buch in der Hand gesehen.»

«Pah, man kann wohl kaum Rechtsanwalt werden, ohne Bücher zu lesen», meinte Rolf.

«Ja, aber du hast noch kein Buch wirklich gern gelesen, oder? Freiwillig. Sondern nur, weil du musstest, um irgendein Examen zu bestehen. Oder deine Hausaufgaben zu machen. Vielleicht bist du deshalb so versessen darauf, dieses Buch zu verbrennen, weil du Bücher einfach nicht magst. Du verstehst gar nicht, warum jemand bloß aus Freude liest. Und du bist eifersüchtig, weil du keinen Freund hast, der Schriftsteller ist. Das glaube ich.»

«Ich bin überhaupt nicht eifersüchtig», bestritt Rolf. «Und wenn ich einen Schriftsteller zum Freund hätte, dann sicher keinen Pazifisten.»

«Weißt du was?», sagte Friedrich. «Ich glaube, du hast überhaupt keine Freunde. Jedenfalls keine richtigen.»

«Ich habe massenhaft Freunde», behauptete Rolf.

Doch Friedrich konnte sehen, dass seine Worte Rolf getroffen hatten. Wütend warf sein Bruder Friedrichs Buch oben auf die Kiste mit Büchern, die er zuvor aus den Regalen seines Vaters genommen hatte und die er persönlich ins Feuer werfen wollte. Dann stürmte er aus dem Haus.

Auf einmal tat er Friedrich leid. Er wusste, dass sein Bruder im tiefsten Inneren kein schlechter Mensch war; er hatte nur irgendwie seinen Weg verloren. Eines Tages würde er sicher wieder zu sich kommen, dachte Friedrich.

Viel später an diesem Tag bat Friedrich seinen Vater um die Erlaubnis, bei der Bücherverbrennung zusehen zu dürfen.

Herr Kissel schüttelte den Kopf. «Das ist etwas anderes als eine Bläserkapelle und ein Marsch», meinte er. «Außerdem ist es schon spät, und morgen früh hast du Schule.»

«Aber Viktoria und Albert gehen auch hin», sagte Friedrich. «Wir wollen uns vor dem Adlon treffen und dann zum Opernplatz gehen.»

«Haben ihre Eltern das denn erlaubt?»

«Das weiß ich erst, wenn sie zum Adlon kommen.»

«Warum willst du denn überhaupt da hin?», wollte Herr Kissel wissen.

«Na ja, in der Schule haben wir gerade italienische Geschichte», erklärte Friedrich. «Und 1497 gab es auch eine Bücherverbrennung. Ein Mönch namens Savonarola hat sie organisiert.»

«Das Fegefeuer der Eitelkeiten», sagte Herr Kissel. «Ja, ich weiß.»

«Jedenfalls war das ein geschichtliches Ereignis», fuhr Friedrich fort. «Und ich habe mir überlegt, dass das heute Abend vielleicht auch ein geschichtliches Ereignis sein könnte. Und da möchte ich dabei sein, Vater. Das ist besser, als darüber später in einem Buch zu lesen.»

«Da hast du recht, Friedrich. Na gut, du hast meine Erlaubnis. Aber wenn du da bist, denk bitte daran: Man kann vielleicht ein Buch verbrennen, aber niemals einen Gedanken.»

Friedrich nahm die Straßenbahn in Richtung Osten und wartete wie verabredet vor dem Hotel Adlon auf die Zwillinge. Doch nur Viktoria kam.

«Meine Eltern haben uns nicht erlaubt zu kommen», erklärte sie. «Darum musste einer von uns beiden zu Hause bleiben und den anderen decken. Also bin ich allein gekommen. Wir haben eine Münze geworfen, und Albert hat verloren.»

Sie gingen mit Hunderten von anderen Berlinern die Straße Unter den Linden entlang in Richtung Opernplatz.

«Wie geht es dir?», fragte Friedrich.

«Ich bin müde», gestand Doktor. «Es ist ganz schön spät. Aber gleichzeitig bin ich auch aufgeregt und nervös, weil ich glaube, wir kriegen hier etwas Wichtiges zu sehen. Bestimmt erinnern wir uns unser ganzes Leben daran. Immerhin sieht man nicht jeden Tag, wie die Bücher von so bedeutenden Schriftstellern wie Leo Tolstoi und Fjodor Dostojewski ins Feuer geworfen werden.»

Friedrich hatte die Bücher dieser Schriftsteller noch nie gelesen, aber er nahm sich vor, es bald nachzuholen. Jetzt erst recht.

«Ja, so geht es mir auch», sagte er.

Ungefähr vierzigtausend Menschen hatten sich vor der Berliner Oper gegenüber der Universität versammelt, um dieses seltsame Mitternachtsspektakel zu sehen. Viele von ihnen waren Braunhemden, die wie immer nach Bier rochen und breit grinsten, als wäre die Bücherverbrennung eine gute Tat, so wie einer alten Dame über die Straße zu helfen.

Doktor flüsterte Friedrich ins Ohr, dass sie genau das am meisten störte: Wie die Braunhemden grinsten, während sie sich daranmachten, die Werke einiger der größten Schriftsteller der Welt zu zerstören. «Ich kann nicht verstehen, wie überhaupt jemand daran Spaß haben kann», meinte sie. «Das ist doch reiner Vandalismus. Als wären wir wieder im Mittelalter.»

Vor der Oper lag ein großer offener Platz, zu dem Studenten wie Rolf Tausende von Büchern gebracht hatten, die sie verbrennen wollten. Doch zuerst sollte es eine Rede geben. Vor das Mikrophon trat ein kleiner, dünner Mann im Regenmantel – denn zu Friedrichs heimlicher Freude hatte es angefangen zu regnen, so als hätten die Götter beschlossen, den Nazis ihr Vorhaben recht schwerzumachen.

Der Mann im Regenmantel war Hitlers Propagandaminister Joseph Goebbels, der in Friedrichs Augen irgendwie sehr wütend zu sein schien. Er erinnerte ihn an einen kleinen Hund, der aus Angst laut kläffte. Friedrich fragte sich, ob dieser Goebbels früher einmal Lehrer gewesen war, denn während er sprach, drohte er ziemlich oft mit dem Zeigefinger, als schimpfe er mit einer Klasse voller unerzogener Jungen. Genau wie Dr. Braun, stellte Friedrich fest. Die beiden sahen sich überhaupt sehr ähnlich – Dr. Braun war ebenfalls ziemlich klein und eher dünn –, und auch die Stimme von Goebbels war ähnlich wie die von Friedrichs Lehrer: hart und gnadenlos, und sie troff nur so vor Sarkasmus und Hass.

«Der kommende deutsche Mensch wird nicht nur ein Mensch des Buches, sondern auch ein Mensch des Charakters sein», sagte Goebbels. «Und dazu wollen wir euch erziehen. Jung schon den Mut zu haben, dem Leben in die erbarmungslosen Augen hineinzuschauen, die Furcht vor dem Tode zu verlernen und vor dem Tode wieder Ehrfurcht zu bekommen – das ist die Aufgabe dieses jungen Geschlechts ...»

Friedrich versuchte der Rede von Goebbels aufmerksam zuzuhören, doch sein ausführliches Gerede über den Tod passte so gar nicht zu seinen eigenen Vorstellungen vom Leben. Er selbst hatte vor, dem Tod so lange wie möglich fernzubleiben. Und das schien ihm ganz normal. Als Goebbels begann, über den Ungeist der Vergangenheit zu sprechen, hörte er gar nicht mehr hin. Böse Geister waren etwas für Albträume. Gleichzeitig konnte er den Gedanken nicht loswerden, dass jemand, der in der Lage war, fünfundzwanzigtausend Bücher anzuzünden, sicher auch fähig war, den Deutschen Reichstag in Brand zu setzen.

Mittlerweile war das Feuer mit Hilfe von Benzinkanistern entzündet worden, und die Hitze der hochschlagenden Flammen drängte die Menschen zurück. Der Qualm wehte hinauf in den nächtlichen Berliner Himmel und trug die Worte großer Schriftsteller mit sich, als kehrten sie heim an irgendeinen himmlischen Ort der Inspiration; so jedenfalls schien es Friedrich. Der Qualm schlug auch dem Redner und seinen Begleitern ins Gesicht und brachte sie zum Husten, was Friedrich irgendwie tröstete.

«Also», sagte Goebbels, als er wieder Luft bekam, und er sprach jetzt noch lauter als zuvor, als käme er nun endlich zum Ende seiner Rede. «Ich sage nein zu Dekadenz und moralischem Zerfall. Für Zucht und Sitte in Familie und Staat. Ich übergebe der Flamme die Schriften von Heinrich Mann, Ernst Glaeser und Erich Kästner!»

Als er diese drei Namen gerufen hatte, warf Goebbels einige Bücher in die Flammen, und begeisterter Jubel brandete auf. Andere, die um das Feuer herumstanden, reckten den Arm und riefen «Heil Hitler!», während der Regen weiter herabströmte.

Friedrich zuckte zusammen, als er den Namen seines Freundes hörte. Er dachte an die vielen glücklichen Stunden, die er mit *Emil und die Detektive* verbracht hatte, und er weinte beinahe, als er Rolf vortreten und noch mehr Bücher ins Feuer werfen sah. Bestimmt war auch sein eigenes Buch darunter. Der Gedanke verursachte ihm Übelkeit, und er wandte sich mit Tränen in den Augen vom Feuer ab.

In diesem Moment sah Friedrich ihn. Erst dachte er, er würde es sich bloß einbilden, doch als er sich über die Augen wischte, war er sich sicher. Es war Erich Kästner, den er dort in der Menge erblickte, und sein Herz setzte einen Schlag aus. Der Schriftsteller sah schweigend dem Feuer zu und versuchte offenbar nicht aufzufallen. Friedrich mochte gar nicht daran denken, was geschehen konnte, wenn man ihn erkannte – vielleicht würde die aufgebrachte Menge versuchen, den Schriftsteller gemeinsam mit seinen Büchern ins Feuer zu werfen. Wie mutig von ihm, dachte Friedrich, dass er überhaupt gekommen war.

Er hätte Doktor gern gesagt, dass Kästner dort in der Menge stand, doch aus Angst, dass seinem Freund etwas passieren würde, sagte er nichts.

Auch Herr Kästner sah Friedrich. Friedrich wollte gerade zu ihm hingehen und ihn begrüßen und versuchen, etwas zu

sagen, was den Schriftsteller vielleicht trösten mochte – doch Kästner schüttelte den Kopf und wich zurück in die Menge, als wolle er mit niemandem sprechen.

Friedrich konnte es ihm nicht verdenken. Schließlich wurde man nicht jeden Tag Zeuge, wie sein eigenes Buch – ein Kinderbuch – von der eigenen Regierung verbrannt wurde.

Später in der Nacht, als die Freunde auf dem Heimweg waren, sagte Doktor: «Also, das war ein seltsames Ereignis. Ehrlich, ich glaube, so was Seltsames habe ich noch nie erlebt, Fritz.» Sie schnüffelte an ihrer Jacke, die nach Rauch und irgendetwas Infernalischem stank. «Es war irgendwie böse, findest du nicht auch?»

Friedrich stimmte ihr zu.

«Ich glaube, wir sollten die Erinnerung an diesen Abend festhalten wie ein Foto in einem Fotoalbum», meinte er. «Damit wir es nie vergessen.»

«Ich vergesse das ganz bestimmt nicht so schnell», sagte Doktor. «Aber weißt du, wenn ich Schriftsteller wäre – besonders einer von den toten –, dann wäre ich jetzt irgendwie stolz darauf, dass in meinen Büchern so mächtige Gedanken stehen, dass manche Menschen sie für eine Bedrohung halten. Sodass man sie verbrennen muss.»

Friedrich war sich nicht so sicher. «Das ist aber auch deine Art, Doktor. Du provozierst einfach gern. Aber ich glaube, es ist schlimm, wenn man als Schriftsteller zusehen muss, wie das eigene Buch verbrannt wird. Wie zum Beispiel Herr Kästner. Er war heute Abend dabei, und er sah ziemlich mitgenommen aus, das kann ich dir sagen.»

«Du hast ihn gesehen?»

«Ja. Ich hoffe bloß, er hat nicht gesehen, dass mein eigener Bruder seine Bücher ins Feuer geworfen hat. Ich habe dir nichts gesagt, weil ich nicht wollte, dass ihn dann noch jemand erkennt und er vielleicht Ärger bekommt.»

«Ja, das stimmt. Das hätte sehr hässlich werden können.»

«Es war hässlich.»

«Wo wir gerade von hässlich reden – ich habe einen dieser Kerle gesehen, die neulich vor Woolworth standen. Einer von diesen Braunhemden, der so aussah wie eine Kröte. Das Feuer hat sich in seinen Brillengläsern gespiegelt, und das sah aus, als würde irgendwas tief in seinem Kopf brennen. Vermutlich die Hölle.»

«Na, ein Gedanke war es ganz bestimmt nicht», meinte Friedrich.

«Es tut mir leid wegen deinem Bruder», sagte Doktor. «Dass ausgerechnet er dafür gesorgt hat, dass dein Lieblingsbuch verbrannt wurde.»

«Rolf ist ein Idiot», sagte Friedrich. «Ihm ist natürlich nicht der Gedanke gekommen, dass ich vielleicht mehrere Ausgaben von *Emil und die Detektive* besitze. Er hat mir bloß die signierte Ausgabe abgenommen, weil ich die in meinem Regal stehen hatte. Aber unter meinem Bett liegen noch zwei andere, von denen er nichts weiß. Eine hat Tante Hedy mir zu Weihnachten geschenkt. Und die andere habe ich bei der letzten Preisverleihung in der Schule bekommen.»

«Vielleicht könnte Herr Kästner dir ja eine von denen signieren», schlug Doktor vor.

«Genau das habe ich auch schon gedacht.»

Doktor lachte. «Gut für dich, Friedrich. Gut für dich.» Und dann umarmte sie ihn. «Bleib bloß immer so, wie du bist, Fritz. Jetzt wo Leo aus Berlin weggezogen ist, bist du der Einzige, mit dem ich über all das reden kann. Na ja, abgesehen von Albert, natürlich. Aber alle Mädchen in meiner Schule himmeln Hitler an. Manche haben sogar Bilder von ihm zu Hause an der Wand hängen. Als wäre er irgendein Filmstar oder so was.»

Friedrich lachte. «Wie Charlie Chaplin», sagte er.

Elftes Kapitel

Kindheitswege

Der nächste Tag war ein Donnerstag, und Friedrich war nach der Nacht an der Oper ziemlich müde. Daher dauerte es noch bis zum Freitagabend, bis er sich daran erinnerte, eine seiner «Ersatzausgaben» von *Emil und die Detektive* unter dem Bett hervorzuholen und zu lesen. Nicht bloß, um Rolf eins auszuwischen – auch wenn das mit ein Grund war –, sondern auch, um sich selbst zu beweisen, dass er die Freiheit hatte, es zu tun. Und weil er sich immer noch fragte, warum irgendjemand der Meinung war, dass dieses Buch verbrannt werden müsse. Nur weil Herr Kästner ein paar Zeitungsartikel über die Notwendigkeit des Friedens in Europa geschrieben hatte?

Als er das bisher ungeöffnete Buch aufschlug, stellte er fest, dass es sich beinahe genauso gut anfühlte, wie es zum ersten Mal zu lesen.

Während er las, hörte er, wie seine Eltern sich im Wohnzimmer unterhielten, das direkt neben seinem Zimmer lag. Sie sprachen über Erich Kästner, und Friedrich legte sein Buch hin und lauschte.

«Warum verlässt er Deutschland nicht?», fragte Friedrichs Mutter ihren Mann gerade. «Es ist hier doch nicht mehr sicher für ihn. Die meisten anderen Schriftsteller, deren Bücher verbrannt wurden, sind schon längst nach England oder Amerika ausgewandert. Was klug ist, wenn du mich fragst.»

«Das stimmt», hörte Friedrich seinen Vater sagen. «Die Nazis haben schon einige Journalisten und Schriftsteller verhaftet. Die *Münchener Post* ist eingestellt worden. Die Braunhemden haben die Büros verwüstet, und viele der Reporter wurden ins Gefängnis gesteckt.» Er seufzte. «Aber Erich will Berlin nicht verlassen.»

«Dann ist er entweder sehr mutig oder sehr leichtsinnig», meinte Frau Kissel.

«Ich denke, er ist mutig», sagte Herr Kissel. «Er findet es wichtig, nicht davonzulaufen. Wäre er Jude, wäre er vielleicht schon gegangen. Ich hätte es jedenfalls getan. Aber er muss an seine alte Mutter Ida denken. Erich liebt sie über alles. Er ist ihr einziges Kind, weißt du, genau wie Emil in seinem Buch. Ich bin nicht sicher, was mit seinem Vater geschehen ist, aber Ida hat ihn jedenfalls allein großgezogen. Und nun ist sie wohl krank, und Erich will Deutschland nicht verlassen, bis es ihr wieder gutgeht. Was ich ihm wahrhaftig nicht vorwerfen kann. Er schreibt für ein paar ausländische Zeitungen über die Vorgänge hier in Deutschland. Und er will noch ein Buch schreiben, sagt er.»

«Wenn er tot ist oder im Gefängnis sitzt, nützt er seiner Mutter auch nichts», sagte Frau Kissel. «Und wer soll sein Buch verlegen? Wurde er nicht aus dem deutschen Schriftstellerverband ausgeschlossen?»

«Ja, wurde er. Aber er kann immer noch unter anderem Namen schreiben. Das tun immer mehr Leute. Selbst für das *BT*.»

«Sei bitte vorsichtig, Ernst, hört du? Ich brauche keinen Mann, der im Gefängnis sitzt, weil er irgendwas für die Zeitung geschrieben hat, was der Regierung nicht gefällt.»

Der 14. Mai war ein Sonntag, und wie üblich machte sich die Familie zum Gang in die Kirche bereit. Rolf allerdings kam nicht mit. Er sagte, er wolle von nun an überhaupt nicht mehr in die Kirche gehen, denn er glaube nicht an Gott, sondern nur an Adolf Hitler.

Herr Kissel hatte keine Lust, sich mit seinem Sohn darüber zu streiten, schon gar nicht an einem Sonntag. Aber Frau Kissel war sehr aufgebracht und versuchte, Rolf doch noch zum Mitgehen zu überreden. Allerdings hatte sie keinen Erfolg damit, und so begleitete Friedrich seine Eltern an diesem Sonntag allein.

Sie gingen immer zu Fuß zur St.-Matthäus-Kirche, um den jungen Pastor Dietrich Bonhoeffer zu hören, der kein Geheimnis um seine Abneigung gegenüber den Nazis machte. Hinten in der Kirche saßen zwei Männer und machten sich während der Predigt Notizen, und Herr Kissel meinte, sie wären vermutlich hier, um den Pastor auszuspionieren. Ganz bestimmt sahen sie nicht aus wie normale Kirchgänger: Der eine von ihnen hatte eine große Narbe im Gesicht, wie man sie von den Duellen in den Burschenschaften bekommt. Und Friedrich war ziemlich sicher, dass der Mann ein Schulterhalfter mit einer Pistole darin unter der Jacke trug.

Nicht, dass irgendetwas, was Pastor Bonhoeffer sagte, Anlass zur Aufregung geben konnte. An diesem Morgen sprach er klug und flüssig, und Friedrich fiel besonders auf, wie anders er redete als Dr. Goebbels – ohne zu schreien oder zu gestikulieren. Der Text aus seiner Predigt bezog sich auf den Ersten Korintherbrief, Kapitel 13, Vers 11: «Als ich ein Kind war, da redete ich wie ein Kind und dachte wie ein Kind und war klug wie ein Kind; als ich aber ein Mann wurde, tat ich ab, was kindlich war.»

Auf dem Heimweg fragte Friedrich seine Mutter, ob es wohl für ihn Zeit sei, die kindlichen Dinge abzulegen und ein Mann zu werden, so wie Pastor Bonhoeffer gesagt hatte. Doch bei seiner Frage traten seiner Mutter plötzlich die Tränen in die Augen, und sie nahm ihn fest in den Arm und sagte, ihrer Meinung nach sollte Friedrich versuchen, so lange wie nur irgendwie möglich ein Kind zu bleiben. Und dass sie ihm wahrlich nichts weniger wünsche, als dass er seine «kindlichen Dinge» ablege.

«Glaub mir», sagte sie, «es ist sicherer. Jungs geraten nicht in Schwierigkeiten. Nur junge Männer, wie dein Bruder Rolf. Nein, lieber Friedrich, nimm meinen Rat an und sei so lange ein Kind, wie du nur kannst. Du wirst mich damit froh und glücklich machen, ebenso wie deinen Vater. Wirst du das für mich tun, Fritz? So lange, wie du kannst, ein Junge bleiben?»

«Ja, Mutter», sagte Friedrich, der nicht verstand, warum sie sich deswegen so aufregte. Schließlich war sie es doch, die ihn ständig ermahnte, sich erwachsener zu benehmen, und jetzt sagte sie auf einmal, er solle genau das Gegenteil tun. Das war wirklich alles sehr verwirrend.

«Ich werde die Frauen niemals verstehen», meinte er zu Kästner, als er diesen einige Tage später in seiner Wohnung besuchte.

«Sie will einfach nur, dass du sicher bist, das ist alles», sagte Kästner. «Genau wie jede Mutter. Und damit hat sie recht. Genieß deine Kindheit, Friedrich. Solange du nur kannst. Spiel deine Spiele und versuch Spaß zu haben. Denn momentan macht es wirklich keinen Spaß, in Deutschland erwachsen zu sein. Versteh mich nicht falsch, ich liebe mein Land. Aber die Dinge entwickeln sich in die falsche Richtung, fürchte ich. Und das hat Pastor Bonhoeffer vielleicht gemeint.»

Friedrich war zu Besuch gekommen, um den Schriftsteller zu bitten, ihm sein geheimes Exemplar von *Emil und die Detektive* zu signieren. Was auch bedeutete, dass er ihm erklären musste, was mit dem anderen Buch geschehen war.

Doch Kästner beruhigte ihn und meinte, es wäre schließlich nur ein Buch, und dass er Friedrich ganz sicher nicht vorwerfen würde, seinem Bruder das andere Exemplar gegeben zu haben. Er deutete auf seine Regale, die voller Lücken waren.

«Ich musste ebenfalls ein paar Bücher hergeben, wie du

siehst. Einige Leute von der NSDAP sind gekommen und haben sie mitgenommen, und ich konnte nichts dagegen tun.»

Er unterbrach sich und klopfte seine Taschen ab. «Ich bin Schriftsteller und habe keinen Stift. Man glaubt es nicht. Kannst du mir vielleicht einen leihen, Friedrich?»

Friedrich reichte ihm seinen Pelikanfüller, den seine Mutter ihm zum Geburtstag geschenkt hatte.

«Ich werde das Buch einfach nur unterschreiben und kein Datum dazu notieren, falls jemand es in die Hände bekommt. Das würde wohl nicht gut für uns aussehen, wenn es nach dem Bücherverbot datiert ist. Und ich schreibe auch nur ‹Für Friedrich› statt ‹Für meinen lieben Freund Friedrich›, wie ich es vorher getan habe. Denn ich will nicht, dass du Ärger bekommst, mein Junge.»

Friedrich nickte.

«Außerdem können sie ja nicht alle Bücher auf der Welt verbrennen. Sondern nur die, die sie in die Hände kriegen. Neulich habe ich das mal nachgerechnet. Und ich glaube, es gibt über einhundert Millionen Bücher. Stell dir das mal vor. Einhundert Millionen Bücher! Neulich Nacht haben sie bloß fünfundzwanzigtausend Bücher verbrannt, was nur ein winziger Prozentsatz von hundert Millionen ist. Wie viel genau, weiß ich nicht – Mathematik war nie meine Stärke. Aber er muss sehr klein sein.»

«Es sind genau 0,025 Prozent», erwiderte Friedrich. «Und das ist statistisch unbedeutend.»

Zwölftes Kapitel

Detektivarbeit

Endlich war der Sommer da und mit ihm die Sommerferien. Jetzt, wo die Schule aus war, traf sich Friedrich jeden Tag mit den Knopp-Zwillingen im Tiergarten, dem größten Park in Berlin und mit seinen über 2 Hektar einem der größten in ganz Deutschland. Es gab mehrere Seen, auf denen man Boot fahren konnte, ein paar Cafés und sehr viele Tiere. Manchmal konnte man Hirsche sehen, und es ging das Gerücht, dass in den tieferen Wäldern sogar Wildschweine lebten. Gelegentlich hörte man einen Löwen brüllen, aber das war natürlich nur einer der Löwen aus dem Zoo, der im Westen an den Tiergarten grenzte.

Die Kinder vermissten Leo, der mit seiner Familie zu seinem Onkel nach Rostock gezogen war, doch sie beschlossen, ihre Ferien trotz allem zu verleben wie immer.

«Was sollen wir auch sonst tun?», fragte Friedrich. «Leo hätte sicher nicht gewollt, dass wir damit aufhören. Vielleicht kommt er ja zurück, wenn alles wieder normal geworden ist. Das hoffe ich jedenfalls.»

Die drei Kinder verbrachten oft den ganzen Tag im Park. Sie packten sich etwas zu essen von zu Hause ein, bauten sich Hütten im Wald, ruderten oder schwammen in einem der Seen – auch wenn das eigentlich nicht erlaubt war. Zum Baden war der Wannsee besser geeignet, denn dort war das Wasser seicht und klar, und an den langen Stränden lag weißer Sand.

Friedrich hatte ein Fernrohr dabei, und die Zwillinge – die ebenso wie er *Emil und die Detektive* verschlungen hatten – besaßen einen Feldstecher. Eine ihrer Lieblingsbeschäftigungen war es, im Tiergarten Detektiv zu spielen, was bedeutete, dass sie Leute in der Hoffnung ausspionierten, einen Diebstahl oder einen Mordfall aufzudecken. Einmal waren sie einem dicken Mann begegnet, der einen Schwächeanfall bekommen hatte, doch jemand war bei ihm gewesen und hatte schon Hilfe herbeigerufen, bevor sie selbst welche anbieten konnten.

Manchmal gingen sie zu einer der Straßen in der Nähe des größten Cafés am See, das im Sommer immer sehr beliebt war, und notierten sich die Nummernschilder der Autos. Alle Berliner Nummernschilder begannen mit den Buchstaben IA, daher konnte man schnell erkennen, ob das Auto aus der Gegend war oder nicht.

Dort hatten sie mal einen sehr teuren kirschroten Mercedes 380 Roadster gesehen, der beinahe so lang war wie ein Bus. Er sah aus, als wäre er geradewegs von der AVUS gekommen, der einzigen Schnellstraße in Deutschland ohne Geschwindigkeitsbegrenzung. Der rote 380er hatte ein Nummernschild aus Potsdam, und Friedrich nahm an, dass der Wagen einem Filmstar gehören musste, weil die Filmstudios von Babelsberg in Potsdam lagen. Die Kinder hatten ein wenig um das Auto herumgelungert, um zu sehen, wer einsteigen würde – und wie sich herausstellte, hatte Friedrich recht gehabt. Denn der Fahrer war niemand anderes als Heinz Rühmann gewesen, einer der größten deutschen Filmstars.

In den meisten Fällen sammelten sie jedoch verlorene Gegenstände auf, die sie im Park fanden, und brachten sie zur Polizeiwache am Sophie-Charlotte-Platz am Ende der Bismarckstraße. Es war erstaunlich, was die Leute alles liegen ließen: Schirme, Picknickkörbe, Hüte, Brillen, Hunde, Schlüssel, Ausweise … Einmal fanden sie sogar einen Pass. Eine Liste all der verlorenen Gegenstände wurde jede Woche in Zimmer 100 ausgehängt, und Friedrich war einmal sehr stolz gewesen, als er gesehen hatte, dass mindestens drei Artikel auf der Liste von ihm und den Zwillingen gefunden worden waren.

Der Polizist, der in der Wache seinen Dienst tat, kannte die drei Kinder beim Namen und war immer sehr nett zu ihnen. Er hieß Wachtmeister Beck, und er nannte sie seine «drei Musketiere», was ihnen gut gefiel. Manchmal bot er ihnen sogar eine Tasse Kaffee oder ein Glas Wasser an, wenn es sehr heiß war. Und ein- oder zweimal hatte er ihnen sogar ein Stück Schokolade aus seiner eigenen Proviantbüchse gegeben. Aber selbst wenn er ihnen nichts anbot, war er immer lustig.

Als er sie eines Tages fragte, ob sie für einen richtigen De-

tektiv arbeiten wollten, hielten sie es darum für einen weiteren von seinen Scherzen. Doch wie sich herausstellte, hatte er es ganz ernst gemeint. Er führte sie hinter den Schalter in ein Zimmer, wo ein Mann in Zivilkleidung sich als Kommissar Finger vorstellte.

«Euch drei habe ich doch schon öfter hier gesehen, stimmt's?», sagte er. «Wachtmeister Beck hat mir gesagt, dass ihr der Berliner Polizei eine große Hilfe seid. Ihr findet verlorene Gegenstände und schreibt Nummernschilder auf, he? Wunderbar, wenn junge Leute so einen Sinn für das Gemeinwohl haben. Das ist ein gutes Zeichen für die Zukunft unseres Landes.»

«Vielen Dank», sagte Friedrich für alle.

«Nun, ich habe mich gefragt, ob ihr wohl eine Weile die Suche nach verlorenen Gegenständen aufgeben und stattdessen lieber richtige Polizeiarbeit machen wollt? Als eine Art Beförderung, sozusagen.»

Beinahe automatisch erstellte Friedrich in Gedanken eine Personenbeschreibung des Mannes. Kommissar Finger war ein dicker Mann mit einem dünnen Schnurrbart. Er trug einen auffälligen Tweedanzug, eine schief gebundene grüne Krawatte und ein Monokel, und er rauchte eine ekelhaft riechende Zigarre, um die eine Banderole mit der Aufschrift *Schwarze Weisheit* klebte. Sein Tweedanzug hatte eine Reihe von Messingknöpfen, auf denen kleine gekreuzte Säbel zu sehen waren. Auf seinem Tisch stand eine Zigarrenkiste, an seiner Garderobe hing eine Melone, und an der Wand seines Büros befanden sich eine große Karte von Berlin und mehrere Plakate gesuchter Krimineller. Einige der Abgebildeten sahen unheimlich aus. Viel unheimlicher als der Mann, der im Film von *Emil und die Detektive* den Dieb gespielt hatte, und das wollte etwas heißen.

«Wenn ihr wollt, könnt ihr für mich arbeiten. Und für die Berliner Polizei.»

«Meinen Sie das ernst?» Doktor riss sich ihre Sonnenbrille herunter und starrte den Kommissar an. «Ganz im Ernst?»

Finger gähnte. «Klar meine ich das ernst. Ich kann ein paar Extraohren und -augen gut gebrauchen. Aber nur, wenn ihr drei die Sache ebenfalls ernst nehmt. Ich brauche Leute, auf die ich mich verlassen kann. Leute, die ihre Aufgabe einige Tage lang zuverlässig ausführen. Vielleicht sogar eine ganze Woche.»

«Das hört sich interessant an, oder, Friedrich?», meinte Doktor.

«Ja!», sagte Friedrich.

«Na gut, dann erzähle ich euch jetzt etwas über den Fall. Er ist sehr wichtig: Ab morgen muss ein Spion überwacht werden.»

«Ein Spion?» Albert riss die Augen auf. Er nahm sein Barett ab und kratzte sich erstaunt am Kopf. «Ein echter Spion? Sie wollen, dass wir Ihnen dabei helfen, einen echten Spion zu fangen? Das ist ja toll!»

«Nicht wahr? Und das mitten in Berlin. Er ist Deutscher, aber wir glauben, dass er für die Russen spioniert. Oder vielleicht für die Engländer. Das ist eine Sache, die wir herausfinden wollen. Meistens haben wir genug Leute, um jemanden abzustellen, der ihn rund um die Uhr überwacht, aber gerade jetzt habe ich ein Personalproblem, weil zwei meiner besten Männer krank geworden sind. Also brauche ich jemanden, der für eine Woche einspringt. Und dafür seid ihr doch bestimmt die Richtigen.»

«Genau», sagte Albert.

«Oh, das würden wir so gern machen!», rief Doktor. «Oder, Friedrich?»

«Ähm, ja.» Friedrich überlegte im Stillen, ob Finger nicht einfach bloß faul war und eine Möglichkeit suchte, sich das Leben leicht zu machen. Es war ein heißer Tag, und er hatte vielleicht keine Lust, bei der Wärme vor dem Haus eines Verdächtigen zu stehen. Wenn ihm drei Kinder die Arbeit abnahmen, könnte er irgendwo ein kühles Bier trinken und die Zeitung lesen. Andererseits war Finger ein echter Detektiv. Und es kam nicht jeden Tag vor, dass ein echter Detektiv um ihre Hilfe bat. «Absolut», sagte er darum. «Gar keine Frage. Wir sind dabei.»

«Es ist auch gar nicht gefährlich», fuhr Finger fort. «Ich will nur, dass ihr ihn beobachtet. Ich will wissen, wer sich mit ihm trifft und wann. Wenn ihr irgendjemanden im Auto kommen seht, der ihn besucht, dann schreibt ihr das Kennzeichen auf. Darin seid ihr ja geübt. Und wenn er irgendwohin geht, dann folgt ihr ihm, wenn ihr könnt. Ich möchte die Adresse wissen und alles. Aber passt bloß auf, dass er nichts davon merkt!»

Finger zog einen Briefumschlag hervor und reichte ihn Albert, der ihn direkt an seine Schwester weitergab. Viktoria war zwar nur zwanzig Minuten älter als er, aber manchmal machten zwanzig Minuten eben den Unterschied aus.

«Alles, was ihr über den Mann wissen müsst, befindet sich in diesem Umschlag. Ein Foto, der Name, die Adresse. Sucht euch ein ruhiges Plätzchen, um die Anweisungen zu lesen. Aber nicht hier. Ich habe dringende Angelegenheiten zu erledigen. Das Subjekt wohnt nicht weit weg, es sollte also kein Problem für euch sein, ihn zu beschatten. Aber ihr solltet euren Eltern lieber nichts davon erzählen. Also haltet schön den Mund, verstanden? Es ist immerhin ein Geheimauftrag.»

Doktor nickte. «Klar. Wir verraten es niemandem.»

«Nun denn», sagte Finger. «Was eure Bezahlung angeht – was haltet ihr von fünfzig Pfennig am Tag? Für jeden von euch? Und weitere fünfzig für Auslagen, für Bus und Straßenbahn und so etwas. Also zwei Mark am Tag für euch alle zusammen, das ist doch ein guter Verdienst.»

«Genau», sagte Albert.

«Das klingt phantastisch», musste Friedrich zustimmen. «Wir hätten nicht erwartet, dass wir für die Arbeit bezahlt werden.»

«Ihr werdet bezahlt, wenn ihr euren täglichen Bericht abliefert», sagte Finger. «Immer um vier Uhr nachmittags. Und zwar hier, auf der Polizeiwache. Etwas Schriftliches ist nicht notwendig. Ein mündlicher Bericht reicht mir. Zusammen mit allen Notizen, die ihr euch gemacht habt. Also: Habe ich eine gute Wahl mit euch getroffen? Habe ich drei neue Detektive?»

«Jawohl», sagte Friedrich. «Die haben Sie.»

«Es ist wohl am besten, ihr wechselt euch bei der Beobachtung von diesem Kerl ab», sagte Finger. «Jeder übernimmt mal. So mache ich das immer mit meinen eigenen

Männern. Also, wer von euch wird der Anführer dieser Operation sein?»

Friedrich schwieg bescheiden, doch Doktor und Albert sahen ihn erwartungsvoll an.

«Er», sagte Doktor schließlich. «Friedrich will später nämlich mal Detektiv werden. Stimmt's, Friedrich?»

Friedrich nickte.

Doktor, die sich von allen dreien am besten ausdrücken konnte, sah Kommissar Finger an. «Also, er ist sowieso unser Anführer. Er beobachtet jetzt schon alles, während mein Bruder und ich – wir gucken nur hin.»

Kommissar Finger nickte, auch wenn er den Unterschied nicht wirklich verstand. Für ihn war die Arbeit eines Detek-

tivs in erster Linie lästige Beinarbeit. Als er davon geträumt hatte, Detektiv zu werden, hatte er vor allem an die fette Pension gedacht.

«Sehr gut», sagte er. «Dann ab mit euch. Ich erwarte euch morgen Nachmittag um vier hier wieder. Und haltet die Augen offen. Spione müssen sehr genau beobachtet werden. Besonders dieser.»

Dreizehntes Kapitel

Eine überraschende Entdeckung

Die drei verließen die Polizeiwache und gingen die Windscheidstraße nach Süden in Richtung Kurfürstendamm entlang.

«Du freust dich bestimmt wie ein Schneekönig», meinte Doktor zu Friedrich. «Auch wenn es Sommer ist.»

«Was meinst du damit?» Friedrich hörte ihr nur halb zu. Er wurde das Gefühl nicht los, dass Finger sie bloß aus reiner Faulheit beauftragt hatte.

«Na ja, erst gab es *Emil und die Detektive* – und jetzt gibt es Friedrich und die Detektive, oder?»

Friedrich grinste. «So habe ich das noch gar nicht gesehen. Aber ja, du hast recht.»

«Genau», meinte Albert und legte seinem Freund den Arm um die Schulter.

«Allerdings sind wir eher Spione als Detektive», sagte Friedrich. «Jedenfalls glaube ich, dass es Spione sind, die andere Spione beobachten. Detektive finden etwas heraus. Indizien und Beweisstücke, und sie klären Verbrechen auf. Was in diesem Fall nicht stimmt. Es gibt kein Verbrechen aufzuklären, denn wir wissen ja schon, dass der Mann ein Spion ist.»

Doktor nickte. «Trotzdem war es immerhin ein Detektiv, der uns den Auftrag gegeben hat», sagte sie. «Und kein Spion.»

«Aber woher würden wir wissen, wenn Kommissar Finger ein Spion wäre?», sagte Friedrich. «Spione erzählen einem ja nicht, dass sie welche sind. Ich denke, sie geben immer vor, jemand anderes zu sein. Sie müssen sich ja auch oft verkleiden.»

«Das stimmt», gab Doktor zu. «Aber ich bezweifle, dass Wachtmeister Beck uns einen Spion vorgestellt hätte. Er wirkt irgendwie nicht wie ein Mensch, der einen Spion kennt. Und wenn man Spion ist, dann würde man sich bestimmt nicht als Polizist verkleiden.»

«Genau», meinte Albert.

«Ich finde, wir suchen uns ein ruhiges Plätzchen und lesen den Brief hier», schlug Doktor vor und wedelte mit dem Umschlag. «Dann wissen wir mehr.»

In der Mitte vom Savignyplatz gab es einen kleinen Park mit ein paar Bänken, dort setzten sie sich hin, und Friedrich öffnete Fingers Umschlag. Er reichte Doktor, ohne hinzusehen, ein Foto und las die Anweisungen, die auf einem gelben Blatt Papier standen. Sie wirkten wie hastig hingekritzelt.

«Dieser Mann sieht absolut wie ein Spion aus», meinte Doktor. «Zumindest guckt er sehr verdächtig, mit dieser hochgezogenen Augenbraue.»

Doch als Friedrich die Adresse des Spions las und einen Blick auf das Foto in Doktors Händen warf, runzelte er die Stirn. «Das muss ein Missverständnis sein», sagte er. «Ich kenne den Mann! Das ist kein Spion. Niemals. Nicht in einer Million Jahren. Das ist mein Freund, Erich Kästner!»

«Der Schriftsteller?», fragte Doktor.

«Ja!»

«Der Erich Kästner, der *Emil und die Detektive* geschrieben hat?»

«Ja. Und diese Adresse – Roscherstraße ... Ich wohne in Nummer 14 und er in Nummer 16. Im dritten Stock.» Friedrich schüttelte den Kopf. «Er kann kein Spion sein. Er ist mein Nachbar.»

«Nun, vielleicht ist er ein Spion, und du weißt es bloß nicht», überlegte Doktor. «So sind Spione doch, oder? Es sind doch wohl meist Leute, die wir nicht verdächtigen, sonst wären es ja keine guten Spione, oder? Dann hätte man sie längst verhaftet. Und wenn du darüber nachdenkst, dann sind alle Spione Nachbarn von irgendwem. Aber das hält sie ja nicht davon ab, Spione zu sein.»

Wie üblich war ihre Logik fehlerlos, doch Friedrich schüttelte immer noch den Kopf.

«Ja, das mag sein. Aber ich habe schon so oft mit ihm geredet ... er liebt dieses Land. Das hat er mir selbst gesagt.»

«Das würde ein echter Spion auch sagen», meinte Doktor.

«Das macht ihn ja gerade aus, dass er das Gegenteil von dem behauptet, was er wirklich glaubt. Ich würde gern mal einen Spion treffen, der laut sagt, dass er die Regierung stürzen möchte. Der würde vermutlich ziemlich schnell bei der Polizei angezeigt werden. Nein, wer in Deutschland als Spion frei herumlaufen will, muss natürlich sagen, was für ein tolles Land das ist. Ist es ja auch.»

«Herr Kästner hat ein Bild von Friedrich dem Großen in seiner Wohnung hängen», sagte Friedrich. «Für mich macht ihn das zu einem Patrioten. Die Schwierigkeiten, in denen er steckt, liegen nicht daran, dass er sein Land nicht liebt. Ich glaube, die Regierung liebt *ihn* nicht besonders.» Er schwieg eine Weile.

«Ja, und darum haben sie auch seine Bücher verbrannt», sprach er dann weiter. «Weil sie finden, dass seine Meinung hier nicht mehr gefragt ist. Aber das macht ihn noch lange nicht zu einem russischen Spion. Und auch nicht zu einem englischen.» Er schüttelte den Kopf. «Außerdem, dass seine Bücher verbrannt wurden, heißt doch, dass er schon längst unter Verdacht steht. Also wenn er wirklich ein russischer Spion wäre, dann hätten die Russen doch bestimmt schon entschieden, dass er ihnen jetzt nicht mehr viel nützen kann. Weil ihm sowieso niemand Wichtiges mehr vertraut.»

Doch noch während er das sagte, fiel Friedrich das Gespräch seiner Eltern ein, das er neulich belauscht hatte. Unsicher sah er seine Freunde an.

«Mein Vater hat neulich gesagt, dass Erich Kästner für ausländische Zeitungen schreibt», sagte er zögernd. «Vielleicht denken sie deshalb, dass er ein Spion ist? Als Journalist zu arbeiten könnte eine gute Deckung sein.»

Er spürte, wie ihm schwindelig wurde. Schnell senkte er den Kopf.

Doktor legte ihm die Hand auf die Schulter. «Wisst ihr, was ich denke?», sagte sie. «Ich denke, wir sollten Herrn Kästner beobachten. So wie wir es Herrn Finger versprochen haben. Und wenn wir sehen, dass er irgendetwas Verdächtiges tut, dann wissen wir, ob er wirklich ein Spion ist oder nicht. Ich glaube, die persönliche Meinung zählt immer weniger als die Fakten.»

«Genau», nickte Albert.

«Wenn er irgendwas Verdächtiges macht?», wiederholte Friedrich und sah sie an. «Was denn, zum Beispiel?»

«Na ja, wenn er zur russischen Botschaft geht und sich mit seinem Auftraggeber trifft, zum Beispiel. Oder zur englischen Botschaft. Oder zur französischen. Er sieht schon ein bisschen französisch aus, finde ich. Oder wenn er ein Paket in einen Papierkorb legt. Oder wenn er sich unter einer Brücke mit einer schönen Frau in einem Trenchcoat trifft. Oder wenn er eine Waffe hat. Oder wenn er eine Verabredung mit einem Ausländer hat, der am Bahnhof die Zeitung liest, und sie tun so, als ob sie sich gar nicht kennen, bis sie sicher sind, dass sie keiner beobachtet. Ein geheimes Treffen. Und uns werden sie nicht bemerken, weil ihnen gar nicht einfällt, dass drei Kinder sie beobachten könnten, stimmt's?»

«Genau», sagte Albert.

Friedrich nickte langsam. «Ja, ich schätze, das wären Hinweise. Nur dass er mich wahrscheinlich erkennen wird. Und ich fände es schrecklich, wenn er merkt, dass ich ihn ausspioniere. Vor allem, nachdem mein eigener Bruder bei der Bücherverbrennung geholfen hat.»

«Dann musst du meine Sonnenbrille tragen», schlug Doktor vor und reichte sie ihm. «Und Alberts Barett. Albert? Gib Friedrich dein Barett.»

Friedrich setzte beides auf. «Wie sehe ich aus?», wollte er wissen.

«Deine eigene Mutter würde dich nicht erkennen», grinste Doktor. «Eigentlich siehst du selbst wie ein Spion aus, Friedrich.»

«Genau», stimmte Albert zu.

«Außerdem haben wir noch den Feldstecher und das Fernrohr, also können wir Herrn Kästner aus sicherer Entfernung beobachten.» Doktor sah Friedrich an. «Sieh es doch mal so, Fritz: Vielleicht tust du ihm ja sogar einen Gefallen. Vielleicht kannst du seine Unschuld beweisen. Und bestimmt ist es besser, wenn Leute, die Herrn Kästner mögen, ihn beobachten, als seine Feinde. Meinst du nicht auch?»

«Ja, du hast recht.» Friedrich fühlte sich auf einmal viel besser. «Daran habe ich gar nicht gedacht.» Er stand auf. «Also gut, dann wollen wir mal. Zufälligerweise weiß ich die ideale Stelle, wo wir Posten beziehen können.»

Vierzehntes Kapitel

Eine heimliche Verabredung

Kästners Wohnung in der Roscherstraße lag gegenüber der Wohnung von Frau Krajewski, einer Freundin von Friedrichs Mutter. Als Friedrich den Schriftsteller besucht hatte, hatte er genau in ihre Zimmer sehen können. Daher war es nur logisch, dass die Treppe vor ihrer Wohnung ein guter Platz sein musste, um wiederum die Wohnung von Kästner im Auge zu haben. Vor allem, da Frau Krajewski mittlerweile nach Polen zurückgekehrt war.

Friedrich wusste nicht genau, warum sie weggezogen war, doch er nahm an, es hatte irgendetwas mit den Nazis zu tun. Viele Menschen hatten Berlin bereits verlassen, so wie Leo Hertz und seine Familie, und es waren nicht nur Juden. Friedrich machte das traurig. Doch zumindest konnten sie auf diese Weise Kästner mit Feldstecher und Fernrohr beobachten, ohne dass der Schriftsteller es merkte.

Gleich am nächsten Morgen traf sich Friedrich mit den Zwillingen vor der Roscherstraße Nummer 15, und gemeinsam stiegen sie in den dritten Stock hinauf und setzten sich vor Frau Krajewskis Tür auf den Treppenabsatz. Albert richtete den Feldstecher auf Kästners Küche, wo der Schriftsteller gerade für sich und seine Freundin Kaffee kochte.

Friedrich fühlte sich immer noch nicht recht wohl mit der Vorstellung, seinen Freund auszuspionieren, darum überließ er Doktor sein Fernrohr und wartete darauf, dass etwas passierte.

«Wer ist die Frau, die bei ihm ist?», fragte Doktor.

«Ich glaube, sie heißt Luise», antwortete Friedrich.

«Vielleicht ist sie auch eine Spionin», meinte Doktor.

«Genau», sagte Albert.

«Ich weiß nicht viel über sie», gestand Friedrich und wanderte auf dem Treppenabsatz herum. Er war erst einmal hier gewesen, um Frau Krajewski eine Nachricht von seiner Mutter zu überbringen. Und er erinnerte sich daran, wie nett sie gewesen war und dass sie ihm ein Stück von einem köstlichen Apfelkuchen angeboten hatte.

«Was passiert jetzt?», fragte er besorgt.

«Nicht viel», meinte Albert. «Sie frühstücken und lesen

die Zeitung. Hm, es ist eine englische Zeitung. Die Daily Mail. Das ist interessant.»

«Vielleicht ist er doch ein Spion», sagte Doktor. «Vielleicht steht eine Nachricht für ihn drin, in einer dieser Werbeanzeigen. So machen Spione das.»

«Woher weißt du das?», wollte Friedrich wissen.

«Das habe ich mal in einem Film gesehen», sagte sie.

Eine halbe Stunde verging, und Friedrich vertrieb sich die Zeit mit der Betrachtung eines Metallröhrchens von etwa der Größe einer Zigarre, das an Frau Krajewskis Türpfosten befestigt war. Und weil er annahm, dass es Frau Krajewski nichts ausmachen würde, wenn er sich die Sache genauer anschaute, da sie ja nach Polen zurückgegangen war, nahm er sein Taschenmesser und begann das Röhrchen abzuschrauben. Er sagte sich, dass er es sofort wieder anschrauben würde, sobald er wusste, wofür es war.

«Was passiert jetzt?», fragte er, während er die Schrauben löste.

«Er zieht sich an», sagte Doktor. «Sieht so aus, als wollte er ausgehen.»

«Woran siehst du das?»

«Na, man bindet sich doch keinen Schlips um, wenn man nur zu Hause rumsitzen will, oder?»

«Genau», meinte Albert.

«Dann hoffen wir mal, dass er bloß in eine Buchhandlung oder eine Bibliothek gehen will», sagte Friedrich.

«Meiner Erfahrung nach», sagte Doktor, «sind Buchhandlungen und Bibliotheken die perfekten Treffpunkte für Spione. Weil man die geheimen Nachrichten leicht zwischen den Seiten eines Buchs verstecken kann. Wenn ich ein Spion wäre, würde ich meine Kontaktperson immer in einer Buchhandlung oder einer Bibliothek treffen. Auf diese Weise kann man sich wenigstens nicht langweilen.»

Friedrich hatte das Metallröhrchen jetzt vom Türrahmen gelöst und stellte überrascht fest, dass darin eine kleine Papierrolle steckte. Eine Nachricht war darauf geschrieben, die aussah wie ein Code.

«He», sagte er. «Seht mal, was ich gefunden habe.» Er zeigte den Zwillingen seinen Fund, und sie betrachteten die Schriftrolle neugierig. «Das war in diesem kleinen Behälter, der an Frau Krajewskis Türrahmen hing.»

«Hmmmm», machte Doktor.

«Denkt ihr, was ich denke? Dass das hier eine geheime Nachricht sein könnte?», fragte Friedrich.

«Das sieht ganz so aus», meinte Doktor.

«Genau», sagte Albert.

«Aber warum sollte man an diesem Ort eine geheime Nachricht hinterlassen?», überlegte sie. «Statt sie unter der Tür hindurchzuschieben, meine ich. Draußen kann sie doch jeder lesen. Wie du jetzt, zum Beispiel. Natürlich nur, wenn du den Code kennst und die Nachricht entziffern kannst.»

«Vielleicht ist das eine Nachricht für jemanden, wenn Frau Krajewski nicht hier ist?», meinte Friedrich.

«Ja, das könnte sein», gab Doktor zu. «Aber besten behältst du den Zettel und zeigst ihn nachher Kommissar Finger. Er könnte wichtig sein. Wenn Kästner doch kein Spion ist, stellt sich stattdessen vielleicht heraus, dass es hier in der Straße einen ganzen Spionagering gibt.»

Sie nahm das Fernrohr und richtete ihre Aufmerksamkeit wieder auf die Wohnung gegenüber. «Hallo», sagte sie. «Ich glaube, unser Mann geht irgendwohin.»

Zwei Minuten später war Herr Kästner unten auf der Straße, und das Trio folgte ihm in sicherer Entfernung. Und als er am Savignyplatz in die S-Bahn stieg, folgten sie ihm auch dorthin.

«Sieht so aus, als ob er nach Westen will», meinte Friedrich. «Gott sei Dank.»

«Warum?», fragte Doktor.

«Weil alle Botschaften im Osten liegen», antwortete Friedrich.

«Guter Punkt», sagte Doktor.

«Genau», meinte Albert.

Die drei stiegen in die U-Bahn und folgten Kästner bis zur Station Wannsee, wo er ausstieg. Er ging über eine kleine Brücke, am Potsdamer Yacht Club vorbei und lief dann am Ufer des großen Sees entlang bis zu einer wunderschönen grauen Villa, die inmitten eines noch schöneren Gartens stand. Er betrat das Grundstück, immer noch ohne zu ahnen, dass Friedrich und die Zwillinge ihm den ganzen Weg von zu Hause bis hierher gefolgt waren.

Die drei hockten sich hinter ein Auto, das vor dem Haus geparkt war. Doktor schrieb sich die Adresse in ihr Notizheft.

«Colomierstraße 3», sagte sie. «Nett hier. Ruhig. Abgelegen. Nicht gut einsehbar. Genau der Ort, den ich mir für ein geheimes Treffen aussuchen würde.»

Auf einem Messingschild am Gartentor stand der Name «Liebermann», und sie schrieb auch das auf.

«Dieser Liebermann muss sehr reich sein. Seht euch den Garten an. Er geht bis zum See runter. Wahrscheinlich gibt es hier sogar ein Bootshaus.»

«Und ein Boot», meinte Albert.

Noch während er sprach, näherte sich ein schwarzes Auto. Der Mann, der ausstieg, trug einen auffälligen Anzug mit einem Seidentuch in der Brusttasche sowie einen großen Hut. Außerdem hielt er einen Spazierstock in der Hand. Er sah sich vorsichtig um – was verdächtig war – und betrat dann die Villa. Doktor schrieb das Kennzeichen seines Autos neben die Adresse.

«Wer der ist, wird wohl nicht so schwer rauszufinden sein», sagte sie. «Wir brauchen Finger bloß das Kennzeichen zu nennen.»

«Aber nur, wenn wir davon überzeugt sind, dass Herr Kästner wirklich ein Spion ist», sagte Friedrich. «Da waren wir uns einig.»

«Genau», sagte Albert.

Nun näherten sich weitere Wagen dem Haus, und mehrere Männer sowie eine Frau stiegen aus und gingen ebenfalls in die Villa hinein. Eines der Autos war ein beeindruckendes weißes Hispano-Suiza-Cabriolet, eines der schnellsten Autos der Welt. Mit Sicherheit war es eines der schönsten, wie Friedrich fand, und einen Augenblick lang waren er und Albert sprachlos vor Bewunderung. Der Fahrer trug einen weißen Anzug und einen weißen Hut.

«Das sieht nicht gut aus für unseren Freund», meinte Doktor, die sich weiterhin Kennzeichen notierte. Sie interessierte sich nicht besonders für Autos.

«Der Strand ist auf der anderen Uferseite», sagte Friedrich, um das Thema zu wechseln. «Man kann von hier aus hören, wie viel Spaß die Leute beim Baden haben.»

«Wenn du mich fragst», sagte Doktor, «macht genau das die Sache so verdächtig. Was tun diese Männer an so einem schönen Tag dadrinnen? Sie sollten draußen sein.»

«Wer sagt, dass sie draußen sein müssen?», fragte Friedrich. «Du klingst wie meine Mutter.»

«Ich meine ja bloß. Sie sehen nicht so aus, als wollten sie sich bloß zum Kaffeekränzchen treffen.»

Noch ein Auto fuhr heran, und diesmal erkannte Friedrich den Mann, der aus dem Wagen stieg. Es war der Künstler, den er im Kino kennengelernt hatte – der auch das Wandgemälde im Kabarett der Komiker gemalt hatte –, Walter Trier. Doch Friedrich sagte nichts. Er fing an, die Überwachung von Kästner und dessen Freunden zu bereuen. Er fühlte sich schlecht damit. Und sein Wunsch, Kästner und Trier von jedem Verdacht freizusprechen, brachte Friedrich auf eine Idee.

«Wir müssen rausfinden, was die dadrinnen besprechen», sagte er. «Sonst können wir bloß raten, und das ist nicht genug, wenn es um etwas so Ernstes wie Spionage geht. Was wir brauchen, sind genaue Informationen. Fakten und keine Meinungen, wie du gesagt hast, Doktor.»

«Genau», pflichtete Albert ihm bei.

«Also werden wir jetzt Folgendes tun», fuhr Friedrich fort. «Ihr zwei bleibt hier draußen auf der Straße. Ich schleiche mich in den Garten der Villa und versuche an irgendeinem offenen Fenster zu lauschen.»

«Wir sollten lieber mitkommen», meinte Doktor.

«Nein, denn wenn mir was passiert, dann müsst ihr zu Finger laufen und ihm sagen, was hier los ist.»

«Ja, das ist gut.»

Friedrich nickte, doch in Wahrheit hatte er gar nicht die Absicht, die Gäste der Villa zu belauschen. Er wollte nur, dass die Zwillinge es glaubten. Er hinterging seine beiden Freunde nur ungern, aber noch mehr bereute er, dass er Kästner gefolgt war. Er wollte einen Weg finden, die Zwillinge zu überzeugen, dass an dem Schriftsteller absolut nichts Verdächtiges war und auch nicht an den Menschen in der Villa. Darum musste er so tun, als hätte er alles gehört und als sei ihre Unterhaltung vollkommen unwichtig gewesen. Genaueres wollte er sich noch überlegen.

Er sah auf seine Armbanduhr.

«Wenn ich in einer halben Stunde nicht zurück bin, dann lauft ihr los und erzählt Finger, dass hier ein Haufen Spione versammelt ist und ich gekidnappt wurde.»

«Sei bloß vorsichtig, Friedrich», sagte Doktor. «Das kann gefährlich sein. Spione sind gefährlich. Vielleicht stehen welche im Garten Wache. Die dich erschießen, wenn sie dich erwischen.»

«Mir passiert schon nichts», sagte Friedrich. Er sah sich genau um, ob nicht vielleicht doch ein Wachposten im Garten stand, und als er keinen entdecken konnte, schlüpfte er durch das Gartentor und lief über den Rasen zur Vorderseite des Hauses.

«Er ist ja so mutig», meinte Doktor.

«Genau», sagte Albert bewundernd.

Fünfzehntes Kapitel

Die Spione der Villa Liebermann

Friedrich blieb kurz stehen, um die vielen Blumen zu bewundern. Er hatte noch nie einen so schönen Garten gesehen und war sich sicher, dass der Besitzer eines solchen Ortes niemals ein Spion sein konnte. Es gab auch Buchsbaumhecken, Buchen, Birken, Linden und sogar mehrere Gemüsebeete. Der Wannsee war vermutlich der hübscheste Ort in Berlin, und eines Tages wollte Friedrich hier selbst einmal wohnen. Immer vorausgesetzt, er würde vorher Millionär.

In der Ferne sah er einen Gärtner in einem der Blumenbeete Unkraut jäten, neben sich eine Schubkarre. Die Luft war erfüllt vom Trillern der Singvögel und vom schweren Duft des Geißblatts, das an einer Mauer neben der Loggia wuchs. Ionische Säulen schmückten die Vorderseite des Hauses. Friedrich wusste, dass es ionische Säulen waren, weil Frau Weber ihnen in der Schule etwas über klassische Architektur erzählt hatte und sie den Unterschied zwischen ionischen, dorischen und korinthischen Säulen hatten lernen müssen. Er wünschte, er könnte jetzt in der Schule sitzen und klassische Säulen zeichnen, statt zu spionieren. Detektiv zu sein war eine Sache – Spion zu sein eine ganz andere, besonders wenn man einen guten Freund ausschnüffeln sollte.

Er schlich um die Villa herum und erhaschte gerade noch einen Blick auf einen älteren, kahlköpfigen Mann mit Schnurrbart, der Walter Trier auf eine Terrasse führte, wo alle anderen Männer, unter ihnen Kästner, und die Frau bereits in der Sonne saßen. Sie rauchten und tranken Kaffee, und niemand sprach besonders viel.

Plötzlich hörte Friedrich Schritte auf dem Kiesweg hinter sich. Noch ein Gärtner! Er musste sich sofort verstecken, wenn er nicht erwischt werden wollte, also kroch er hinter einen dichten Geißblattbusch und wartete auf eine Gelegenheit zu verschwinden.

Auf der Terrasse hatte der kahle Mann mit dem Schnauzbart angefangen zu sprechen. Seine Stimme klang sehr freundlich und in Friedrichs Ohren überhaupt nicht wie die eines Meisterspions, sondern eher wie die seines eigenen verstorbenen Großvaters.

«Ich glaube», sagte Herr Liebermann – denn es musste wohl der Hausherr sein, dachte Friedrich –, «dass die Dringlichkeit der Lage durch die Anwesenheit so vieler berühmter Künstler hier nur noch deutlicher wird. An einem solch schönen Tag lässt sich nur schwer glauben, dass wir in Gefahr sein könnten. Aber es ist tatsächlich keine Übertreibung: Meine

Spione in der Regierung haben mir berichtet, dass einige von uns jeden Moment verhaftet werden könnten.»

Als er Herrn Liebermann von seinen «Spionen» sprechen hörte, erstarrte Friedrich hinter dem Geißblatt. Hatte er sich doch in Herrn Kästner geirrt? Warum besuchte er einen Mann, der ganz offen über seine «Spione» sprach?

«Wir wissen, dass wir in Gefahr sind», sagte einer. «Neben meiner Tür steht jedenfalls immer ein gepackter Koffer, falls ich verhaftet werde oder verschwinden muss. Die Frage ist nur, was wir tun sollen.»

«Wohl eher, was wir tun können», sagte jemand anderes. «Außer uns zu verstecken. Oder das Land zu verlassen, wie der arme Theodor Wolff.»

«Was für ein mutiger Mann», sagte Liebermann. «Fünf Tage nach dem Reichstagsbrand so einen Artikel im *BT* zu schreiben.»

«Als der gedruckt wurde, saß er schon im Flugzeug in die Schweiz», hörte Friedrich Kästner sagen. «Wenn ihr mich fragt, dann sind die Leute, die hiergeblieben sind und die Zeitung herausbringen mussten, die wirklich Mutigen.»

Friedrich fragte sich, ob Kästner vielleicht damit seinen Vater meinte.

«Auf jeden Fall wird wohl niemand für uns Schriftsteller oder Künstler in die Bresche springen», sagte die Frau. «Noch nicht mal hier in Berlin. Ich dachte immer, Berlin wäre die unbeschwerteste Stadt der Welt. Aber jetzt bin ich mir nicht mehr so sicher.»

«Meine Spione haben mir gesagt, dass sich diese Regierung nicht lange an der Macht halten wird», meinte jemand.

Friedrich riss den Mund auf: Schon wieder war von Spionen die Rede! Hätte der Gärtner nicht bloß ein paar Meter von ihm entfernt gestanden, hätte er vielleicht sogar laut gekeucht. Das war ja schlimmer, als er gedacht hatte! Vielleicht hatte Finger doch recht gehabt. Vielleicht waren er und die Zwillinge auf einen großen Spionagering gestoßen!

«Sie gehen davon aus, dass die Nazis scheitern werden», fuhr dieselbe Stimme fort. «Und zwar bald. Genau wie alle anderen Regierungen, die wir in den letzten zehn Jahren hatten.»

«Wenn du das glaubst, dann bist du genauso verwirrt wie deine Bilder», hörte man einen anderen Mann sagen.

«Oder wie eins deiner Bücher», kam die Antwort.

«Ich schätze, wir können nichts anderes tun als stillhalten und hoffen, dass sich die Lage verbessert», sagte ein anderer. «Und manchmal muss es schlimm kommen, bevor sich die Dinge wieder bessern.»

«Wie viel schlimmer kann es denn noch kommen?»

«Eduard hat recht.» Das war wieder Kästner. «Ich denke, es würde den Nazis am besten gefallen, wenn wir alle davonlaufen würden wie der arme Wolff. Dann könnten sie uns in Ruhe aller möglichen Sachen beschuldigen.»

«Du hast gut reden», sagte der Mann im weißen Anzug. «Du bist ja kein Jude. Aber für Juden wie Theodor Wolff und mich liegen die Dinge anders. Dich haben sie nicht verhaftet, so wie mich. Du brauchtest nicht einen Haufen dummer Fragen über Malerei zu beantworten, so wie ich.»

«Das stimmt», sagte Kästner. «Ich weiß wirklich nicht, was ich an deiner Stelle täte, Eduard. Schlimm genug, dass die Nazis deine Religion nicht mögen. Aber es ist noch schlimmer, dass sie deine Bilder nicht mögen.»

«Daran bin ich gewöhnt», antwortete der Mann im weißen Anzug. Es war der Mann, dem der weiße Hispano-Suiza gehörte, erinnerte sich Friedrich. «Sie mögen meine Bilder wegen meiner Religion nicht. Die Philister konnten die Juden noch nie leiden. Das steht in der Bibel, also muss es stimmen. Der einzige Grund, warum sie meine Bilder nicht verbrennen, so wie deine Bücher, ist, dass sie zu viel wert sind. Goebbels soll eins von meinen Bildern in seinem Arbeitszimmer aufgehängt haben. Offenbar hat er es sogar mit seinem eigenen Geld gekauft. Ich schätze, es würde ihm einige Bauchschmerzen bereiten, es zu verbrennen. Diese Nazis sind vielleicht dumm, aber so dumm nun auch wieder nicht.»

Die Unterhaltung ging noch zehn oder fünfzehn Minuten lang so weiter, und allmählich begriff Friedrich zu seiner großen Erleichterung, dass er sich in seinem Freund Kästner nicht getäuscht hatte. Wenn diese Gesellschaft auf der Terrasse von Herrn Liebermanns Haus wirklich Spione waren, dann keine besonders guten. Zum einen hatte keiner von ihnen irgendein Staatsgeheimnis verraten. Sie hatten auch nicht über irgendeine militärische Taktik gesprochen. Noch nicht mal über ein Marinemanöver. Das einzige Thema waren Bilder und Bücher gewesen, und ihre schwierige Situation als geächtete Schriftsteller und Künstler. Friedrich begriff auch, dass die «Spione», die sie erwähnt hatten, einfach nur enge Freunde waren, die versuchten, diese Leute hier rechtzeitig vor möglichen Gefahren zu bewahren oder sogar vor dem Gefängnis. Er hatte einen schrecklichen Fehler begangen.

Friedrich atmete aus. Wie gut, dass er nicht wirklich auf einen Spionagering gestoßen war, denn er war nicht sicher, dass er seinen Freund wirklich der Polizei hätte übergeben können.

Doch als er nach einer Weile auf die Uhr sah, stellte er entsetzt fest, dass er in einem weit größeren Schlamassel steckte: Fast eine halbe Stunde war vergangen, seit er die Zwillinge vor dem Haus hatte stehenlassen. Mittlerweile glaubten sie bestimmt, er sei gekidnappt worden oder Schlimmeres, und machten sich auf den Weg zur Polizeiwache am Sophie-Charlotte-Platz, um Kommissar Finger zu berichten, was sie glaubten, gesehen zu haben. Er konnte beinahe hören, wie Doktor dem Kommissar mit ihrer überzeugenden Art erklärte, dass sich in der Villa Liebermann am Wannsee gerade eine ganze Horde von Spionen aufhielt.

Friedrich war nicht sicher, was dann passieren würde, aber er hatte das sichere Gefühl, dass es nichts Gutes sein konnte, weil Finger bereits davon überzeugt war, dass Kästner ein Spion war. Vielleicht würden er und ein paar der anderen Schriftsteller und Künstler dann tatsächlich verhaftet werden! Was sollte er nur tun? Der Gärtner arbeitete immer noch nur ein paar Meter von seinem Versteck entfernt, und Friedrich wagte nicht, sich zu rühren.

Schließlich jedoch konnte er seine Flucht nicht länger hinauszögern. Er trat hinter dem Geißblatt hervor und ging in gespielter Seelenruhe den Kiesweg entlang – als wäre es das Normalste von der Welt, sich an einem Sommertag eine halbe Stunde hinter einem Geißblattbusch zu verstecken –, direkt an dem überraschten Gärtner vorbei, über den Rasen in Richtung Gartentor.

«He, du! Runter von meinem Rasen!»

Der Gärtner ließ seine Harke fallen und lief hinter Friedrich her. Doch Friedrich versteckte sich schnell hinter einem Baum, bis er sicher war, dass der Gärtner in die falsche Richtung gelaufen war. Dann huschte er aus dem Tor auf die Colomierstraße hinaus.

Sechzehntes Kapitel

Ein moderner Pheidippides

Draußen vor dem Garten der Villa war alles still. Kaum ein Blatt regte sich. Friedrich blickte sich nach allen Seiten um, dann rief er mehrmals laut nach den Zwillingen, bis ihm schließlich mit kaltem Schrecken klar wurde, dass sie bereits losgelaufen sein mussten.

«Oh nein!», murmelte er laut und drehte sich verzweifelt auf den Absätzen um. «Das ist ja schrecklich. Was soll ich jetzt bloß machen?»

Er sah auf seine Uhr – beinahe vierzig Minuten waren vergangen, seit er sich von den Zwillingen verabschiedet hatte. Bestimmt waren sie schon auf halbem Weg zurück zum Bahnhof Wannsee. Es blieb ihm nichts anderes übrig, als ihnen nachzulaufen und zu hoffen, dass er sie noch erwischte, bevor sie in den Zug stiegen. Bis zum Bahnhof waren es etwa zwei Kilometer. Auf dem Hinweg hatten sie für den Weg vom Bahnhof bis zur Villa Liebermann ungefähr fünfundzwanzig Minuten gebraucht. Wie lange würde es dauern, wenn die Zwillinge sich beeilten? Das einzig Gute war, dass Albert nicht besonders schnell laufen konnte, Friedrich aber schon.

Er schoss wie der Wind davon, rannte am Yachtclub

vorbei und über die Brücke, immer in der Hoffnung, seine Freunde noch auf dem Kronprinzessinnenweg zu treffen, bevor sie mit dem Zug davonfuhren.

Als er den Bahnhof mit seinen kirchenartigen Fenstern erreichte, glaubte er, die Brust würde ihm gleich zerspringen. Ein Zug fuhr gerade ein. Das musste der richtige Zug sein, dachte er, bestimmt hatten die Zwillinge keinen früheren Zug erreichen können. Er hastete mehrere Treppen hinunter, wobei er beinahe mit einem Braunhemd zusammenprallte, das sein Fahrrad die Stufen hinaufschleppte und ihn wütend anbrüllte, er solle doch gefälligst aufpassen, wo er hinlief. Als er auf der letzten Treppe stand, sah er die Zwillinge gerade in den Zug steigen. Er schrie ihre Namen, doch schon schlossen sich die Türen, und der rot-gelbe Zug setzte sich in Bewegung, noch bevor er den Bahnsteig erreicht hatte.

Die Zwillinge hatten Friedrich nicht gesehen. Er war zu spät gekommen. Und jetzt würde alles ein schlimmes Ende nehmen.

Friedrich warf sich auf einen der Holzsitze und versuchte zu entscheiden, was er als Nächstes tun sollte, während er wieder zu Atem kam. Sein braunes Baumwollhemd klebte ihm wie ein nasses Handtuch am Körper, und die Haare lagen ihm am Kopf wie ein gelber Helm. Vor lauter Erschöpfung und Angst fühlte er sich ganz hohl. Laut der Anzeigetafel hinter ihm fuhr der nächste Zug ins Berliner Stadtzentrum erst in fünfzehn Minuten. Bis dahin wären die Zwillinge schon auf halbem Weg zum Savignyplatz. Friedrich weinte beinahe vor Verzweiflung.

«Geschieht dir ganz recht», sagte er zu sich selbst. «Hättest du deinen Freund nicht ausspioniert, wäre das nie passiert. Ein schöner Detektiv bist du, Friedrich Kissel.»

Vor dem Bahnhof befand sich ein Taxistand, und hätte er mehr als nur ein paar Münzen in der Tasche gehabt, hätte er einen der Fahrer bitten können, ihn nach Berlin zu fahren. Aber die Taxifahrer von Berlin waren berühmt für ihre Sturköpfigkeit, und es hieß, das Einzige, was es in einem Berliner Taxi umsonst gab, war die Meinung des Fahrers.

Dann dachte er an seinen Freund Erich Kästner und an dessen Freunde – und daran, dass einem von ihnen ein weißer Hispano-Suiza gehörte. Wenn er Herrn Kästner nun die Lage erklärte, vielleicht könnte er dann den Mann mit dem Auto überreden, sie zur Polizeiwache am Sophie-Charlotte-Platz zu fahren, bevor Albert und Doktor dort ankamen. Immerhin war der Hispano-Suiza eines der schnellsten Autos der Welt. Es war die einzige Chance, dachte Friedrich, die drohende Katastrophe noch abzuwenden. Aber Herr Kästner war ein kluger Mann, und wenn jemandem ein besserer Plan einfallen konnte, dann bestimmt ihm.

Friedrich holte tief Luft, hastete die Treppen wieder hinauf und rannte los.

Diesmal fiel Friedrich das Laufen schwerer, und seine Brust fing an zu schmerzen. Er hatte schon einige Langstreckenläufe mitgemacht, doch noch nie einen in brennender Sommerhitze, von dem das Leben anderer Menschen abhing: Einige der Leute im Garten der Liebermann-Villa, auch der Mann mit dem Hispano-Suiza, hatten sich angehört, als würden sie wirklich um ihr Leben fürchten. Darum war Friedrich entschlossen, alles zu tun, was in seiner Macht stand, um diese Gefahr abzuwenden – und wenn es bedeutete, dass er sich zu Tode laufen musste wie Pheidippides, der Grieche, der von Marathon nach Athen gelaufen war, um den Sieg gegen die Perser zu verkünden, dann war er dazu bereit.

Trotzdem quälte ihn das Bewusstsein, dass er nach Westen rannte und damit fort von der Polizeiwache am Sophie-Charlotte-Platz, während die Zwillinge gerade nach Osten fuhren und schon bald Kommissar Finger treffen würden. Er tröstete sich mit dem Gedanken, dass der Detektiv vielleicht gerade nicht da war. Vielleicht würde Wachtmeister Beck sie bitten, ein anderes Mal wiederzukommen. Würde er ihnen glauben, wenn Doktor ihm erzählte, dass Friedrich am Wannsee von Spionen festgehalten würde? Natürlich würde er das. Doktor trug nicht umsonst ihren Spitznamen – sie konnte wirklich überzeugend sein.

Friedrich erreichte die Villa nach etwa zehn Minuten. In seinem ganzen Leben war er noch nie so schnell gelaufen. Er rannte in den Garten und über den Rasen, ohne sich um die Türklingel zu scheren, lief einfach hinten um das Haus herum, wo der Gärtner gerade mit Liebermann und den anderen Gästen redete. Sie sahen alle sehr viel weniger entspannt aus als vorher.

«Da ist er!», sagte der Gärtner. «Das ist der Spion! Ich habe ihn hinter dem Geißblatt erwischt. Bestimmt hat er alles gehört, was Sie gesagt haben, Herr Liebermann.»

«Ich kenne den jungen Mann», sagte Walter Trier. «Zumindest glaube ich das.»

«Und ich kenne ihn auch», sagte Erich Kästner.

«Aber das ist doch bloß ein Junge», meinte Herr Liebermann. «Nach ihrer Beschreibung, Schmidt, dachte ich, es wäre einer von diesen Braunhemden gewesen.»

«Na ja, er trägt ja auch ein braunes Hemd», sagte der Gärtner.

«Der sieht nicht aus wie ein Nazi», meinte jemand.

«Nun, Junge?», sagte die Frau, «stimmt das? Hast du uns ausspioniert? Wer hat dir erlaubt, hier in den Garten zu kommen und uns zu belauschen?»

«Ich dachte, darum treffen wir uns hier am See», sagte jemand anderes. «Damit wir keine unerwünschte Aufmerksamkeit auf uns ziehen. Niemand weiß, dass ich immer noch in Deutschland bin, aber jetzt bin ich mir nicht mehr so sicher.»

«Wenn ihr mich fragt, dann sind es gerade die jungen Leute, auf die wir ein Auge haben müssen», sagte ein anderer Mann. «Vielleicht ist er ja in der Hitlerjugend! Dann stecken wir wirklich in Schwierigkeiten. Meiner Meinung nach sind die Jungs in der Hitlerjugend die schlimmsten Nazis von allen.»

«Du hast recht. Vielleicht hat er uns auch schon längst verraten. Nun, raus mit der Sprache, junger Mann: Hast du irgendjemandem von diesem Treffen erzählt? Bist du ein Nazi?»

«Bitte, Herr Kästner – Herr Trier – Herr Liebermann.» Friedrich wischte sich den Schweiß von seinem erhitzten Gesicht und versuchte, ein wenig vertrauenswürdiger auszusehen. Ihm war schrecklich heiß. «Bitte, ich habe niemanden verraten. Und ich bin kein Nazi. Sie müssen mir bitte zuhören – es hat ein schreckliches Missverständnis gegeben. Es ist alles meine Schuld, und es tut mir sehr leid. Aber wenn wir nicht sofort etwas tun, wird alles nur noch schlimmer. Viel schlimmer.»

Und dann fiel er in Ohnmacht.

Siebzehntes Kapitel

Auf der AVUS

Friedrich schlug seine blauen Augen auf, richtete sich langsam auf und rieb sich die Stirn. Kästner hockte rechts neben ihm, Trier auf der linken Seite. Jemand hatte ihm Barett und Sonnenbrille abgenommen und ihn auf den Boden gelegt.

Trier gab ihm einen Schluck Wasser aus einem Glas, das Liebermann ihm gereicht hatte. Doch es war gar kein Wasser, wie Friedrich feststellte, sondern kalte Limonade, und noch dazu die köstlichste Limonade, die Friedrich je gekostet hatte. Er nahm Trier das Glas aus der Hand und trank es aus.

«Ich glaube, deine Limonade schmeckt ihm, Max», sagte Walter Trier.

«Völlig zu Recht», sagte Liebermann. «Es ist auch die beste Limonade der Welt. Meine Köchin bereitet sie mit Zitronen aus diesem Garten zu.»

«Was ist passiert?», fragte Friedrich.

«Du bist in Ohnmacht gefallen», erklärte Kästner. «Mir scheint, du bist zu schnell gelaufen und hast dich überhitzt.»

«Und jetzt, mein Junge», sagte Liebermann, «erzählst du uns vielleicht, worum es eigentlich geht.»

Friedrich holte tief Luft, und dann erzählte er von Kommissar Finger und wie er Friedrich und seine Freunde beauftragt hatte, Kästner auszuspionieren, und dass er es nur getan hatte, um seinen Freund von jedem Verdacht zu befreien, und dass sie ihm bis zum Wannsee gefolgt waren und dass die Zwillinge jetzt im Zug nach Berlin saßen, um Finger zu erzählen, dass Friedrich von einem Spionagering im Haus von Liebermann gefangen gehalten würde. Friedrich holte noch einmal tief Luft und entschuldigte sich erneut.

Max Liebermann sah besorgt aus. «Das ist genau die Art von Geschichte, die die Nazis für ihre Zwecke ausnutzen werden», sagte er. «Sie suchen schon länger nach einem Grund, um ihre Nasen in mein Haus zu stecken.»

«Wie können wir deine beiden Freunde aufhalten?», fragte Kästner.

«Ich habe gedacht, vielleicht könnte der Herr mit dem schönen weißen Hispano-Suiza uns zur Polizeiwache am Sophie-Charlotte-Platz fahren. Wenn wir vor den Zwillingen ankommen, dann kann ich ihnen schnell erklären, dass alles nur ein Missverständnis war. Dass ich gar nicht gekidnappt worden bin. Und dass Sie kein Spion sind, Herr Kästner. Nicht, dass ich das je geglaubt hätte. Und auch nicht Ihre Freunde.» Er suchte den Mann im weißen Anzug unter den Gästen, die ihn umstanden. «Meine Freunde sind vor ungefähr zehn oder fünfzehn Minuten in den Zug gestiegen. Mittlerweile müssten sie etwa in Zehlendorf sein. Vielleicht sogar schon in Lichterfelde. Also brauchen wir ein richtig schnelles Auto, um sie zu überholen. Und der Hispano-Suiza ist immerhin das schnellste Auto der Welt, oder?»

«Da hast du absolut recht», sagte der Mann im weißen Anzug. «Der J12 ist vermutlich das größte und teuerste Auto, das Hispano-Suiza je gebaut hat. Aber wenn das bloß irgendein Trick von dir ist, Junge, um mit diesem Wagen zu fahren, dann sag es bitte gleich. Dafür musst du nicht so einen Wirbel veranstalten. Du brauchst nur bei mir in der Jägerstraße 7 zu klingeln, gleich neben dem Restaurant Haussmann. Ich führe dir gern vor, wie schnell das Auto fährt.»

«Nein wirklich, ich sage die Wahrheit!», beteuerte Friedrich und rappelte sich mühsam auf die Beine. Er fühlte sich immer noch ein wenig schwach.

«Friedrich gehört nicht zu den Jungen, die so eine Geschichte erfinden würden», sagte Kästner. «Stimmt's, Friedrich?»

«Nein, bestimmt nicht!»

«Na gut», sagte der Mann im weißen Anzug. «Dann fahren wir lieber los. Klingt so, als hätten wir keine Zeit zu verlieren.»

Walter Trier und Erich Kästner folgten Friedrich und dem Mann im weißen Anzug zu seinem Hispano-Suiza. Sie stiegen alle ein, und als der Fahrer den Motor anstellte, röhrte er so laut, als wäre einer der steinernen Dinosaurier im Berliner Zoo zum Leben erwacht. Der Mann im weißen Anzug packte das große Steuerrad mit beiden Händen – Friedrich bemerkte, dass seine Finger mit roten Farbklecksern übersät waren.

Minuten später schossen sie in Richtung Norden zur AVUS, der acht Kilometer langen Schnellstraße, die vom Funkturm in Westberlin bis nach Potsdam führte. Es war eine kostenpflichtige Straße, doch es gab keine Geschwindigkeitsbegrenzung, und sie wurde daher oft für Berliner Autorennen genutzt.

«Haltet eure Hüte fest, meine Herren», sagte der Mann im weißen Anzug. «Wir werden jetzt eine Geschwindigkeit erreichen, dass euch die Haare ausfallen. Auf der AVUS könnte man beinahe glauben, dass wir in einem freien Land leben. Nein, wirklich. Die AVUS ist vermutlich das letzte Stück Freiheit in ganz Deutschland. Die Freiheit, im Auto so schnell voranzukommen wie der große Manfred von Richthofen in seinem Flugzeug. Vielleicht sogar noch schneller. In diesem Auto gibt es nur drei Gänge: rückwärts, vorwärts und schnell!»

Bei diesen Worten grinste er über das ganze Gesicht, als bereite ihm der Gedanke an das bevorstehende Wettrennen größten Spaß.

«Das ist übrigens Eduard Ehrlich», sagte Kästner zu Friedrich. «Vielleicht hast du schon mal von ihm gehört. Eduard gehört zu den berühmtesten Malern des Landes. Seine Bilder hängen in den Museen aller großen deutschen Städte.»

«Freut mich, Sie kennenzulernen», sagte Friedrich.

«Kennst du dich mit Autos aus, junger Mann?», rief Ehrlich über das Röhren des Motors hinweg.

«Mehr als mit Kunst jedenfalls», rief Friedrich zurück. «Bestimmt werde ich nie wieder in einem besseren Auto sitzen. Ich weiß, dass der Hispano-Suiza einen Zwölfzylindermotor hat und über 220 PS. Und dass er nicht umsonst Sport Torpedo heißt.»

«Gute Antwort, mein Junge. Ich mag deinen Freund, Erich. Die meisten Leute haben keine Ahnung von der Kunst. Und genau so sollte es sein. Es reicht zu wissen, was einem gefällt. Wenn man ein Bild kauft, braucht man nicht zu verstehen, worum es darauf geht. Das muss nur der Künstler. Aber mit Autos ist das etwas anderes. Meiner Meinung nach sind Autos wie lebende Skulpturen. Und man kann ein Auto nur schätzen, wenn man weiß, was unter seiner Haube steckt.»

Jetzt hatten sie die AVUS erreicht, und Eduard Ehrlich drückte das Gaspedal bis zum Anschlag herunter und jauchzte laut auf.

«Dann los!», rief er. «Mal sehen, was der Wagen draufhat. Haltet euch fest, Kameraden! Gleich werdet ihr verstehen, welche Poesie in der Geschwindigkeit liegt!»

Das offene Auto wirkte wirklich wie ein Jagdflugzeug. Der warme Wind riss an ihren Haaren, und Friedrich war dankbar für die Sonnenbrille und das Barett. Er hatte das Gefühl, dass sie vom Boden hätten abheben können, wenn der Hispano-Suiza Flügel gehabt hätte. Der Tag, der so schlimm für ihn begonnen und sich dann noch schlimmer entwickelt hat-

te, schien sich nun mit voller Geschwindigkeit zum Besseren zu wandeln. Im wahrsten Sinne des Wortes.

«Der Geschwindigkeitsrekord auf dieser Strecke wird von einem Deutschen gehalten!», schrie Ehrlich. «Fritz von Opel in einem Opel RAK2. Raketenfritz haben sie ihn genannt. Er ist 238 Stundenkilometer gefahren. Das werden wir heute wohl nicht schaffen. Nicht mit vier Leuten im Auto. Aber 160 sollten wir wohl hinkriegen. Mein Rekord liegt bei 180!»

Friedrich grinste mittlerweile ebenso breit wie Ehrlich. Im Gegensatz zu ihnen beiden sahen Kästner und Trier ziemlich nervös aus. Und die begeisterte Rede des Malers trug nicht dazu bei, sie zu beruhigen:

«An dieser Stelle hier ist Enrico Platés Mechaniker 1921 verunglückt. – Und da drüben starben die drei Streckenposten, als Alfred Rosenberger die Kontrolle über seinen Mercedes-Benz verlor. Das kann leicht passieren, wenn die Strecke nass ist, wisst ihr. Als ich diese Straße hier zum ersten Mal gefahren bin, ist mir das auch beinahe passiert. Aber heute ist der perfekte Tag, um das alte Mädchen richtig auszufahren. Zu schade, dass wir beim Funkturm von der Straße runtermüssen.»

«Bitte», rief Trier, «sprich nicht so viel von Unfällen.»

«Im Ernst», sagte Ehrlich, ohne Walter Trier zu beachten, «nichts ist schöner, als die Steilkurve in voller Geschwindigkeit zu fahren. Das ist natürlich nicht ganz einfach. Die Kurve heißt nicht umsonst Mauer des Todes. Wenn man obendrüber fährt, weiß man, warum. Jedenfalls, bis man wieder aufschlägt.»

Das weiße Auto beschleunigte immer noch, als würde es von höheren Mächten angetrieben statt von einem Motor.

«Warum haben Sie ein weißes Auto gekauft?», schrie Friedrich, der selbst immer ein rotes Auto gewählt hätte.

«Gute Frage!», brüllte der Maler zurück. «Weil die schwarzen immer so aussehen wie Bestattungsfahrzeuge. Und wenn ich beim Fahren draufgehe, dann will ich nicht, dass Gott irgendwelche falschen Schlüsse über mein Leben zieht, wenn ich vors Himmelstor fahre. Verstehst du? Ein weißes Auto wird ihm hoffentlich sagen, dass ich ein unbeflecktes Leben geführt habe. Was natürlich nicht stimmt.»

Friedrich lachte. Der Maler gefiel ihm sehr.

Kästner hatte mittlerweile die Augen geschlossen, und Walter Trier war ganz grün im Gesicht. All das Gerede über tödliche Unfälle, Bestattungsfahrzeuge, das Himmelstor und die Todesmauer machte den beiden Männern Angst. Doch Friedrich genoss die Fahrt in vollen Zügen, und wenn er nicht hätte fürchten müssen, zu spät zur Polizeiwache zu kommen, hätte er sie noch viel mehr genossen.

«Hundertsechzig!», schrie Ehrlich triumphierend. «Hundertsiebzig. Hundertachtzig. Hundertfünfundachtzig! Geschafft!»

«Unglaublich!», rief Friedrich. «Ich fasse es nicht, dass wir so schnell fahren. Wie beim Großen Preis von Deutschland!»

Zur großen Erleichterung der beiden anderen Passagiere nahm der Maler schließlich den Fuß vom Gaspedal, und das große Auto wurde langsamer.

«Ich habe gerade meinen eigenen Rekord gebrochen,

Jungs!», rief Ehrlich. «Das hätte ich ohne dich nicht geschafft, Friedrich. Brauchte wohl einen guten Grund, um den Wagen mal so richtig auszufahren.»

Am Ende der AVUS beugte sich Ehrlich fröhlich lachend aus dem Wagen und reichte dem Beamten in der kleinen Holzkabine eine ganz neue Banknote. Der Beamte grüßte freundlich.

«Zehn Mark», sagte Trier. «Meine Güte, das ist teuer.»

Ehrlich grinste Friedrich an. «Es war jeden Pfennig wert, oder?»

Friedrich nickte. «Jeden Pfennig», stimmte er zu.

Achtzehntes Kapitel

Ein Eiscreme-Dilemma

In der Nähe des berühmten Funkturms – der aussah wie eine kleine Version des Pariser Eiffelturms – steuerte Ehrlich das Auto mit quietschenden Reifen nach Osten auf den Kaiserdamm. Er fuhr immer noch schnell, auch wenn sie nun bereits das westliche Ende Berlins erreicht hatten. Nicht ganz so schnell wie vorher, natürlich, doch in jedem Fall schneller als erlaubt, und mehrmals stieß er beinahe mit einem anderen Auto zusammen. Jedes Mal schrie er den anderen Fahrer an und rief «Friss meinen Staub!» oder nannte ihn eine «Landplage», worüber Friedrich sicherlich gelacht hätte, wäre ihnen die Zeit nicht davongelaufen. Je näher sie dem Sophie-Charlotte-Platz kamen, desto öfter blickte er auf seine Uhr, biss sich auf die Lippen und hoffte mit aller Macht, dass er die Zwillinge noch irgendwo sehen würde, bevor sie auf die Polizeiwache kamen und ihn als vermisst meldeten.

«Ich glaube, ich lasse mich lieber von der Gestapo verhaften, als noch mal so eine Autofahrt mitzumachen», stöhnte Trier, als sie den Sophie-Charlotte-Platz erreichten.

Kästner fuhr sich mit der Hand durch seine dunklen Haare und stieß die Luft aus, die er scheinbar seit zwanzig Minuten angehalten hatte. «Ich weiß genau, was du meinst», sagte er. «Ich schätze, mein Leben hat sich gerade um mehrere Jahre verkürzt.»

«Unsinn», sagte Ehrlich. «Ihr solltet mittlerweile gemerkt haben, dass ich ein hervorragender Autofahrer bin. Solange ich hinter dem Steuer sitze, braucht sich niemand Sorgen zu machen.»

«Ich bezweifle gar nicht, dass du ein guter Fahrer bist», meinte Kästner. «Ich mache mir mehr Sorgen um die anderen Fahrer. Für die ist ein Auto nämlich ein Beförderungsmittel, um sich in Berlin zu bewegen. Aber für dich, Ehrlich, ist ein Auto eine Weltanschauung.»

«Nicht eine von dieser Welt», sagte Trier. «Das ist mal sicher. Ich fühle mich, als wäre ich gerade im Flügelwagen aus Walhalla gefahren. Vermutlich kann ich nie wieder ordentlich gehen. Jetzt weiß ich auch, warum du so malst, Eduard.»

«Was meinst du damit, lieber Freund?»

«Du malst genauso, wie du fährst. Als gäbe es keine Regeln. Als hätte nichts irgendeine Bedeutung. Als könnte das Leben jeden Moment zu Ende sein. Was ja durchaus wahrscheinlich ist, wenn man einhundertachtzig Kilometer in der Stunde fährt.» Ehrlich lachte laut auf. Er schien sich über die Worte von Trier zu freuen. «Wenn man es sich gründlich überlegt, Friedrich», sagte er, «dann hat man am Ende bloß sich selbst. Die Sonne scheint mit tausend Strahlen in deinen Kopf hinein. Und alles andere ist nichts. Verstehst du, was ich meine? Es geht nur um Licht und Schatten, stimmt's?»

Friedrich fand, das klang gut, auch wenn er nicht wirklich verstand, was Ehrlich meinte. Glücklicherweise musste er die

Frage des Malers nicht beantworten, denn in genau diesem Moment erhaschten seine scharfen Augen Albert und Viktoria, die die Windscheidstraße heraufkamen.

«Da sind sie!», schrie er. «Die Zwillinge! Ich sehe sie. Gott sei Dank sind wir rechtzeitig gekommen.»

Er zog sich mit der linken Hand an der Windschutzscheibe hoch und winkte seinen Freunden wild zu. Gleichzeitig drückte Ehrlich so heftig auf die Hupe seines Hispano-Suiza, dass ein Hund auf dem Fußweg vor Schreck davonrannte und ein Postbote beinahe vom Fahrrad fiel. Ein anderer Mann, der etwas schwankend aus einem Café vor dem Bismarck-Hotel kam, missdeutete Friedrichs Winken und reckte den Arm zum Hitlergruß, worüber Eduard Ehrlich und Walter Trier Tränen lachten, bis Kästner die Augenbraue hochzog und sie darauf hinwies, dass sie sich in der Nähe einer Polizeiwache befanden und sich lieber benehmen sollten, wenn sie keinen Ärger bekommen wollten.

«Ich fürchte, die Nazis teilen euren Humor nicht», sagte er streng.

«Ja, du hast recht», sagte Ehrlich und hielt das Auto an, sodass Friedrich herausspringen und zu seinen Freunden laufen konnte.

Die Zwillinge kamen bereits angerannt, und während Albert den weißen Hispano-Suiza bewunderte, erklärte seine Zwillingsschwester, was Friedrich bereits wusste.

«Du warst nach einer halben Stunde immer noch nicht zurück!», sagte sie.

«Ja, ich weiß.»

«Und dann sind wir losgelaufen, genau wie du gesagt hast. Es ist also nicht unsere Schuld!»

«Ja, ich weiß.»

«Wir wollten gerade zur Polizeiwache gehen.»

«Ich weiß.»

«Wir dachten, die Spione hätten dich gekidnappt!»

«Ich weiß.»

«Wir hätten dich gleich bei Herrn Finger als vermisst gemeldet.»

«Ich weiß.»

«Gott sei Dank geht es dir gut! Und du bist nicht tot. Weil ich nämlich keine Lust hatte, deiner Mutter das zu erklären.»

«Hört zu, das war alles ein dummes Missverständnis», erklärte Friedrich. «Das hier ist Erich Kästner. Und er ist überhaupt kein Spion. Oder, Herr Kästner?»

«Äh, nein, Friedrich, das bin ich nicht.»

«Es ist alles Unsinn», fuhr Friedrich fort. «Und das hier

sind seine beiden Freunde, Walter Trier und Eduard Ehrlich. Die auch keine Spione sind.»

Doktor kniff die Augen zusammen. «Bist du dir da sicher?», fragte sie.

«Natürlich bin ich sicher.»

«Vermutlich hast du recht. Immerhin ist er ein berühmter Maler.» Sie lächelte Ehrlich an. «Ich habe in der *Berliner Illustrirten Zeitung* über Sie gelesen. Und eins Ihrer Bilder in der Akademie der Künste am Pariser Platz gesehen. Ich habe es nicht ganz verstanden, weil es so modern ist. Aber ich mochte es. Ich hatte das Gefühl – ich weiß nicht ... aber das genau ist es ja: Ich hatte überhaupt ein Gefühl, und wenn ich sonst ein Bild anschaue, fühle ich gar nichts.»

«Genau», sagte Albert. Wie üblich hatte seine Schwester bereits für sie beide gesprochen, und er war mit allem einverstanden, was sie sagte.

«Und genau das soll Kunst bewirken», sagte Ehrlich. «Dir ein Gefühl geben. Die meisten Leute stehen vor einem Bild und spüren gar nichts. Aber wenn man etwas fühlt, nun, das ist die wahre Bedeutung moderner Kunst.»

Doktor nickte. «Dann macht es also nichts, wenn man das Bild nicht versteht, oder? Ich bin ganz Ihrer Meinung.»

«Ich mag deine Freunde», sagte der Maler zu Friedrich. «Und weißt du, was ich finde? Ich finde, jetzt, wo wir vor diesem hübschen Café stehen, sollten wir auch reingehen, und ich sollte dir und deinen Freunden das größte Eis kaufen, das es gibt. Diese Art von Kunst versteht wohl jeder. Wie hört sich das an? Und euch lade ich auch ein, Erich und Walter. Ich bestehe darauf.»

Auf der Terrasse des Cafés setzten sie sich alle an einen Tisch, und Ehrlich fragte den Ober nach dem größten Eis auf der Speisekarte. Der Ober sagte, das wäre wohl das berühmte Erdbeer-Surprise. Und Ehrlich bat ihn, den drei Kindern jeweils eines davon zu bringen sowie eine Flasche Champagner für die drei Männer.

Kästner zündete sich eine Zigarette an und behielt während ihrer Unterhaltung die Polizeiwache im Blick.

«Um wie viel Uhr, sagtet ihr, sollt ihr mit dem Kommissar sprechen?», fragte er die drei Kinder.

«Um vier Uhr», sagte Friedrich. «Also in einer Stunde.»

«Weiß er, wo ihr wohnt?»

«Nein. Aber Wachtmeister Beck weiß es. Wir hinterlassen immer unsere Namen und Adressen, wenn wir einen verlorenen Gegenstand abgeben.»

«Wisst ihr», sagte Kästner, «ich denke, ihr solltet diesem Finger irgendetwas erzählen. Selbst wenn es nichts ist, falls ihr versteht, was ich meine.»

«Die Kinder brauchen der Polizei doch bloß zu sagen, dass du niemanden getroffen oder irgendetwas Verdächtiges getan hast», meinte Ehrlich.

«Aber das wäre gelogen», sagte Kästner. «Und ich glaube nicht, dass wir die Kinder dazu anstiften sollten, die Polizei anzulügen.»

«Da hast du recht», stimmte der Maler zu.

«Es stört mich aber nicht, für einen guten Zweck zu lügen», sagte Friedrich.

«Mich auch nicht», meinte Doktor.

«Kein anständiger Schüler würde je seinem Lehrer die

Wahrheit sagen, wenn er damit einen seiner Freunde in Schwierigkeiten bringt», setzte Friedrich nach. «Und das hier ist bestimmt ein ähnlicher Fall.»

«Genau», sagte Albert.

«Trotzdem», meinte Kästner, «ich fühle mich nicht wohl damit. Als Kinderbuchautor sollte ich doch wohl mit gutem Beispiel vorangehen. Das ist einer der Gründe, weshalb ich *Emil und die Detektive* geschrieben habe.»

«Dann haben wir jetzt eine ganze Stunde Zeit», sagte Ehrlich, «um Eis zu essen und Champagner zu trinken und uns eine gute Lösung für Erichs moralisches Dilemma einfallen zu lassen.»

Friedrich schwieg und dachte angestrengt nach. Dann kramte er in seiner Hosentasche und zog die kleine Papierrolle hervor.

«Ich nehme nicht an, dass einer von Ihnen das hier lesen kann?», sagte er und legte die Rolle auf den Tisch. «Ich glaube nämlich, es ist eine geheime Nachricht. Auf jeden Fall ist sie codiert, oder es ist eine fremde Sprache, die ich nicht kenne. Ich habe das in einer kleinen Röhre an der Tür einer Frau gefunden, die Ihnen gegenüberwohnt, Herr Kästner. Frau Krajewski. Sie scheint weggezogen zu sein.» Kästner nahm das Papier, entrollte es und schüttelte den Kopf. Ehrlich warf ebenfalls einen Blick darauf.

«Das ist keine geheime Nachricht», sagte er. «Das ist eine Mesusa. Ein Gebet auf Hebräisch, das manche Menschen an ihren Türpfosten hängen, um an ihren Glauben zu erinnern. Diese Frau Krajewski muss Jüdin sein, und das würde auch erklären, warum sie Berlin auf einmal verlassen hat.»

«Ich schätze, da wird sie nicht die Letzte sein», meinte Kästner.

Das Eis kam. Es schien fast ebenso groß wie der Berliner Funkturm und sah köstlich aus. Doch als Doktor den letzten Rest aus der Schale gekratzt hatte, sagte sie: «Ich habe wirklich angestrengt nach der Überraschung gesucht. Aber da war keine.»

«Ist das nicht wieder typisch?», meinte Trier, gerade als ein paar Braunhemden am Café vorbeimarschierten. «Im Leben gibt es so viele Versprechungen, die niemals erfüllt werden.»

«Er meint», erklärte Ehrlich, «dass man im Alter alles enttäuschend findet.»

Doch all das Gerede über etwas, das es nicht wirklich gab, hatte Friedrich nachdenklich gemacht. Und schließlich sagte er, er hätte vielleicht eine Lösung für Kästners moralisches Dilemma.

«In der Schule haben wir mal etwas über das Paradoxon des Epimenides gelernt», sagte er.

«‹Alle Kreter lügen›», nickte Kästner. «Ich erinnere mich gut.»

«Genau. Also, ich finde, dass es die Aufgabe eines Detektivs sein muss, immer nach der Wahrheit zu suchen, ganz egal, wie schwer es auch ist. Und je größer die Wahrheit ist, die er aufdeckt, desto größer ist der Detektiv. Aber dieser Detektiv, Herr Finger, hat uns eine gemeine Lüge erzählt, als er Sie als Spion bezeichnet hat, Herr Kästner. Ich glaube, er wusste die ganze Zeit sehr genau, dass Sie keiner sind, aber er wollte trotzdem, dass wir Sie ausspionieren.» Friedrich holte tief Luft. «Also, wenn man einen Lügner anlügt, um eine Wahrheit zu schützen, dann kann es doch nicht wirklich als Lüge zählen, oder? Es ist vielleicht nicht so richtig das, was dieser Epimenides meinte, aber ich bin auch kein Philosoph.»

«Aber nicht weit davon entfernt», sagte Kästner. «Sprich weiter, mein Junge. Ich glaube, du bist da an einer interessanten Sache dran.»

Doktor und Albert sahen ihn gespannt an. Friedrich grinste. «Man kann die Wahrheit nicht vor einem Mann verbergen, der gar nicht weiß, wie die Wahrheit aussieht. Ich glaube, ich könnte ihm deswegen ohne Schwierigkeiten erzählen, dass Sie nirgendwohin gegangen sind und niemanden gesehen haben.»

Kästner lächelte und schlug Friedrich auf die Schulter.

«Sehr gut», sagte er. «Ich bin stolz auf dich. Wenn ich zu Hause bin, werde ich das gleich aufschreiben.»

«Hervorragend», sagte Ehrlich. «Damit ist dein Glaube an die jungen Leute nur bestätigt worden, Erich. Die deutsche Jugend ist besser auf die Zukunft vorbereitet, als wir dachten.»

«Trotzdem», sagte Kästner, «halte ich es immer noch für besser, dass du diesem Finger etwas anbietest. Irgendetwas. Auch wenn ich nicht weiß, was es sein könnte.»

«Aber ich weiß es», meinte Friedrich. «Ich glaube, ich weiß es ganz genau.»

Neunzehntes Kapitel

Eine geheime Nachricht

Als Kommissar Finger aus seinem Amtszimmer kam, um die drei Kinder zu empfangen, roch er stark nach Bier und Mottenkugeln, wenn nicht sogar nach Schlimmerem, denn in seinem Mund steckte wieder eine große schwarze Zigarre. In Friedrichs Augen gab er kein gutes Beispiel für die Berliner Polizei ab. Er führte die Kinder in einen schlecht belüfteten Befragungsraum, hieß sie sich um einen schmutzigen Holztisch setzen, der am Fußboden festgeschraubt war, und bot ihnen staubiges Wasser an. Sie lehnten dankend ab.

Finger zog sich einen Stuhl heran, der laut quietschte, als der Kommissar sich darauf niederließ, fast als wolle er sich beschweren – was kein Wunder war, denn Finger war sehr dick. In seinem grünen Tweedanzug sah er aus wie eine reife Wassermelone. Er zog seinen Notizblock hervor, leckte an der Spitze seines Bleistifts und sah die Kinder an.

«Also, wie seid ihr vorangekommen?», fragte er. «Habt ihr das Subjekt den ganzen Tag beobachtet, wie ich gesagt habe?»

«Ja, das haben wir», antwortete Friedrich. «Und zwar bis gerade eben.»

«Gut, gut. Ich wusste, dass ich mich auf euch verlassen

kann», sagte Finger. «Was habt ihr herausgefunden?» Er zündete seine erloschene Zigarre wieder an und warf das abgebrannte Streichholz auf den Boden.

Doktor rümpfte angewidert die Nase.

«Sie haben etwas von Bezahlung gesagt», meinte Friedrich. «Sie haben von fünfzig Pfennig pro Tag gesprochen. Für jeden. In bar.»

«Natürlich.»

«Plus Spesen.»

Finger schob einen fettigen Daumen in die Tasche seiner Weste und holte ein paar Münzen hervor, die er auf den Tisch legte.

«Hier ist euer Geld.»

Friedrich schob sich die Münzen in die Hand und steckte sie sorgfältig in seine Tasche.

«Also», sagte Finger, «was habt ihr für mich?»

«Nun», meinte Friedrich, «wenn dieser Kästner ein Spion ist, dann ist er kein besonders guter.»

«Und warum?», wollte Finger wissen.

«Weil er überhaupt nicht spioniert hat, darum. Er ist weder zu irgendwelchen Militäreinrichtungen gegangen noch in die Nähe der Regierungsgebäude. Noch nicht mal in den Roten Wedding. Unserer Meinung nach hat er sich überhaupt nicht verdächtig verhalten.»

«Das überlasst ihr lieber mir», sagte Finger. «Wo genau ist er denn hingegangen?»

«Wir sind dem Subjekt zu einer Bibliothek im Westen der Stadt gefolgt.»

«Zu welcher?»

«Zur Preußischen Staatsbibliothek, Unter den Linden», sagte Friedrich. «Da ist Kästner den ganzen Tag gewesen und hat ein Buch gelesen. Wir konnten das Buch identifizieren, es war das Buch von Adolf Hitler, Mein Kampf. Er hat sich mit niemandem getroffen. Er hat mit niemandem geredet. Kein Wort. Er hat bloß Hitlers Buch gelesen, den ganzen Tag lang.»

«Das ist alles?»

«Ja. Ihm schien das Buch gefallen zu haben. Beim Lesen hat er immer genickt und hat sich Notizen gemacht, als wäre er ganz der gleichen Meinung.»

«Wirklich?»

«Ja.»

Kommissar Finger versuchte, seine offensichtliche Enttäuschung zu verbergen, und nickte. «Ich verstehe. Und das ist alles, was ihr für mich habt? Nach einem ganzen Tag Arbeit?»

«Nun, da war noch etwas», sagte Friedrich. «Bevor wir dem Subjekt in die Bibliothek folgten, haben wir seine Wohnung aus einem gegenüberliegenden Gebäude beobachtet. Und dort haben wir eine interessante Entdeckung gemacht. Sie hat nichts mit Erich Kästner zu tun, aber es ist zumindest etwas Verdächtiges. Glauben wir. Aber das wissen Sie natürlich besser, Kommissar Finger.»

«Was ist es denn?»

«Die Wohnung gegenüber gehört einer Frau Krajewski», sagte Friedrich. «Am Türrahmen haben wir ein kleines Behältnis für geheime Nachrichten entdeckt. Das weiß ich deshalb, weil ich dieses Behältnis untersucht habe; und darin steckte eine Nachricht, die mit sehr kleiner Handschrift verfasst wurde. Ich kann Ihnen nicht sagen, was die Nachricht bedeutet, weil sie in Chiffre verfasst wurde.»

«Was ist Chiffre?», wollte Finger wissen.

«Ein Code», erklärte Friedrich.

«Ja, natürlich», beeilte sich Finger zu sagen. «Das weiß ich. Ein Code, ja. Kann ich sie sehen, diese geheime Nachricht?»

Friedrich reichte ihm die winzige Mesusa und beobachtete Finger dabei, wie er sie auf dem Tisch glatt strich.

«Es kann natürlich auch etwas ganz Gewöhnliches sein», sagte Friedrich. «Aber ich bin ja kein Detektiv wie Sie, also kann ich es nicht wissen. Es sieht schon ein bisschen wie eine geheime Nachricht aus, nicht wahr? Ich meine, warum sollte man sonst auf so einem winzigen Stück Papier schreiben, außer wenn man eine geheime Nachricht notieren will? So wie ein Spion es tun würde.»

«Du hast recht», sagte Finger. «Es sieht wirklich aus wie eine geheime Nachricht. Interessant. Sehr interessant. Wie lautet die Adresse, wo ihr das gefunden habt?»

Friedrich nannte ihm die Nummer in der Roscherstraße, und Finger notierte sich die Adresse. Da Frau Krajewski wieder nach Polen zurückgekehrt war, hielt Friedrich das für kein Problem. Es würde ihr nicht mehr schaden können. Er wünschte bloß, er könnte dabei sein, wenn jemand Finger erklärte, dass auf der winzigen Papierrolle nichts anderes stand als ein biblischer Text.

Schließlich verabschiedeten sich die Kinder höflich von Kommissar Finger und gingen wieder hinaus.

Draußen vor der Wache klopften Albert und Doktor ihrem Freund bewundernd auf die Schulter.

«Du warst wirklich klasse, Fritz», sagte Albert.

«Genau», sagte Doktor.

Zwanzigstes Kapitel

Eine Detektivausrüstung

Ein paar Tage später wurde ein großes Paket in die Roscherstraße 14 geliefert. Es war adressiert an Friedrich Kissel. Da er keinen Geburtstag hatte, war Friedrich überrascht. Noch überraschter war er, als er den Absender des Pakets las: Erich Kästner.

«Vielleicht sind es Bücher», rätselte seine Mutter.

«Dafür fühlt sich das Paket nicht schwer genug an», sagte Friedrich.

«Hoffen wir mal, dass es keine Bücher sind», meinte Herr Kissel. «Falls Rolf wieder vorhat, sie zu verbrennen. Davon haben wir genug gehabt.»

«Warum hat er das Paket denn nicht selbst abgeliefert?», fragte Frau Kissel. «Er wohnt doch bloß nebenan. Dann hätte er sich die Paketkosten sparen können.»

«Weil er genau weiß, wie schön es ist, ein Paket mit der Post zu erhalten», sagte Herr Kissel. «Vielleicht hast du es schon vergessen, mein Schatz, aber wenn man jung ist, gibt es kaum etwas Aufregenderes als ein unerwartetes Paket.»

«Das habe ich nicht im mindesten vergessen», antwortete seine Frau betont. «Übrigens findet man ein unerwartetes Paket auch noch aufregend, wenn man älter ist.»

Friedrich stellte das Paket auf den Küchentisch und starrte es an.

«Willst du es denn nicht aufmachen?», fragte seine Mutter.

«Doch», sagte er. «Aber ich genieße noch ein bisschen die Spannung.»

Schließlich aber öffnete er es. Drinnen lag ein Brief von Kästner.

Lieber Friedrich, schrieb er, *dein Vater hat mir erzählt, dass ihr demnächst in die Ferien nach Rügen fahrt. Und ich habe mich gefragt, ob du für die Reise wohl gut ausgerüstet bist. Ich habe darüber nachgedacht, was du gesagt hast: dass es die Aufgabe eines Detektivs ist, die Wahrheit herauszufinden, egal wie schwierig es auch ist. Und ich gebe dir völlig recht. Darum glaube ich, dass du eine richtige Detektivausrüstung gut gebrauchen kannst. Ich hoffe, du hast Freude an diesen Dingen. Ich hatte jedenfalls große Freude daran, sie auszusuchen.*

Das Buch handelt von Berliner Kriminalfällen und wurde von zwei Detektiven vom Hauptquartier der Kriminalpolizei am Alexanderplatz geschrieben. Ich habe ihnen ein bisschen dabei geholfen. Es kommt bald heraus, aber sag niemandem, dass ich es dir geschenkt habe.

Am allerwichtigsten für einen Detektiv ist natürlich, die Augen offen zu halten. Denk immer an die Nadellöcher in den Geldscheinen, die Emil von Herrn Grundeis gestohlen wurden – für einen richtigen Detektiv ist jedes noch so kleines Detail von Bedeutung. Denn es kann ein Beweis sein.

Dein dankbarer Freund Erich Kästner.

In dem Paket befand sich ein Koffer, wie Detektive ihn benutzten, und in diesem Koffer lag eine faszinierende Sammlung von Gegenständen, darunter ein gutes Mikroskop, eine Polizeipfeife, eine Lupe, ein Notizblock mit Stift, ein Schweizer Taschenmesser, ein Paar Latexhandschuhe (um Beweismittel anzufassen), ein Pinsel, Puder für Fingerabdrücke, eine Pinzette, ein Maßband, ein Messschieber, eine alte Voigtländer-Faltkamera mit mehreren Rollen Film, eine Anglerbüchse (um die Beweismittel zu transportieren), eine Taschenlampe und ein Belegexemplar des Buches *Kriminalfälle* von E. L. von Sonnenberg und Otto Trettin.

Friedrich jubelte vor Glück. Vor seinem geistigen Auge sah er bereits, wie sich sein Zimmer in der Roscherstraße in ein Detektivbüro verwandelte und er selbst als Detektiv die schwierigsten Fälle löste.

«Das ist aber wirklich nett von Herrn Kästner, dass er dir all diese Sachen schenkt», sagte Frau Kissel. «Wofür ist das alles?»

«Das sind Sachen, die man braucht, um ein richtiger Detektiv zu werden», erklärte Friedrich.

«Ein Detektiv also, hm?», meinte sein Vater. «Vielleicht kannst du ja herausfinden, was mit diesem Land nicht stimmt, mein Junge. Das wäre doch mal ein Fall für einen Detektiv: das Rätsel des Österreichers in Deutschland.»

«Ernst, bitte», sagte Frau Kissel.

«Jetzt brauche ich bloß noch einen echten Kriminalfall, den ich lösen kann», meinte Friedrich, der seinen Eltern gar nicht richtig zugehört hatte.

Sein Vater seufzte. «Einen echten Kriminalfall, sagt er. Sieh dich doch mal um, mein Sohn. Heutzutage gibt es echte Kriminalfälle, wo man geht und steht. Mir scheint manchmal, dass im Gefängnis nur doch die ehrlichen Leute sitzen. Zumindest geben sie nicht vor, irgendetwas anderes zu sein als Kriminelle.»

«Jetzt ist aber genug mit diesem Gerede», sagte Frau Kissel. «Besonders vor dem Jungen. Willst du vielleicht, dass er solche Sachen in der Schule wiederholt? Und uns alle noch in Schwierigkeiten bringt?»

«Nein, natürlich nicht», sagte Herr Kissel.

«Also dann bitte. Solange sich die Dinge nicht gebessert haben, wollen wir den Mund halten und die Fenster geschlossen. Hörst du mich, Friedrich? Wir reden nicht mehr über Politik. Was wir denken, geht niemanden außerhalb dieses Hauses etwas an.»

Einundzwanzigstes Kapitel

Die verschwundene Uhr von Mr. Isherwood

Friedrich fuhr jede Sommerferien mit seinen Eltern nach Rügen, der größten Ostsee-Insel Deutschlands. Den besten Sandstrand gab es in dem kleinen Ort Binz, und im dortigen Kurhaus mieteten sie sich meist in ein paar Zimmer mit Meerblick ein. Das Kurhaus mit seinen roten Dächern und dem grünen Glockenturm aus Kupfer sowie dem davorliegenden Strand war Friedrichs absoluter Lieblingsort.

Rolf teilte seine Meinung jedoch nicht und hatte beschlossen, daheimzubleiben, was seinem Vater nur recht war. Und seiner Mutter ebenso, denn es war ihr wichtig, dass ihr Mann sich in seinem Urlaub erholte, und das wäre nicht möglich gewesen, wenn er und Rolf sich die ganze Zeit über gestritten hätten.

Friedrichs Eltern gingen gern im nahe gelegenen Birkenwald oder an den schimmernden Kreidefelsen entlang spazieren. Friedrich dagegen schwamm am liebsten in der Ostsee, auch wenn das Wasser ziemlich kalt war, oder baute Sandburgen, und seine Eltern ließen ihn daher oft allein am Strand, weil sie sicher waren, dass er schnell Freunde finden würde.

Natürlich hatte Friedrich seinen Detektivkoffer mit nach Rügen genommen und beschäftigte sich viele Stunden mit den Dingen darin: Er sammelte am Strand Zigarettenkippen und untersuchte sie wie ein richtiger Detektiv. Seiner Mutter gefiel das gar nicht, denn sie fand Zigarettenstummel anderer Leute ekelhaft, aber Friedrich beruhigte sie damit, dass die Latex-Handschuhe ja genau für diesen Zweck gedacht waren.

Da es keine verdächtigen Personen gab, schoss er mit der Kamera, die Kästner ihm geschenkt hatte, einige Fotos vom Kurhaus. Und in seinem Hotelzimmer beschäftigte er sich mit seinem Mikroskop. Es war von der Firma Busch und hatte sogar eine eigene hölzerne Tragekiste. Friedrich untersuchte

damit seine eigenen Fingerabdrücke, seine Haare und sogar sein Blut, was ihn ganz besonders faszinierte. Außerdem las er in *Kriminalfälle*, in dem einige interessante Berliner Mordfälle beschrieben wurden.

Eines Tages waren Herr und Frau Kissel wieder einmal spazieren, während Friedrich am Strand in einem Strandkorb saß und las. Es gab Hunderte von diesen Strandkörben, und sie sahen aus wie blau-weiße Schalentiere, die sich über den ganzen Strand verteilt hatten. Sie waren bequem und geräumig und hatten sogar Fußstützen, die man unter dem Sitz hervorziehen konnte. Friedrich genoss es sehr, einen Strandkorb ganz für sich allein zu haben, denn der Strand war ziemlich bevölkert mit Urlaubern aus Berlin und Stettin. Außerdem schien die Sonne an manchen Tagen recht stark, sodass es angenehm war, im Korb ein bisschen Schatten zu finden. Besonders wenn man gerade ein gutes Buch lesen wollte. Doch als Friedrich an diesem Nachmittag von seinem Buch aufsah, stand ein anderer Junge in Badehose grinsend vor ihm.

«Leo!» Friedrich sprang auf und fiel seinem alten Freund um den Hals. «Was machst du denn hier?»

«Ferien, genau wie du.»

«Das ist ja umwerfend! Dann können wir ja zusammen sein. Warum hast du mir nicht geschrieben, dass du auch herkommst?»

Leo verzog das Gesicht. «Das wollte ich ja, aber mein Vater hat mir und meinen Brüdern gesagt, wir sollen einen Strich unter Berlin und alle unsere Berliner Bekannten und Freunde ziehen.»

«Und wie ist es in Rostock? Da wohnt ihr doch jetzt, oder?»

«Nicht mehr lange», antwortete Leo. «Wir werden Deutschland verlassen. Um ehrlich zu sein, ist das hier mein letzter Tag, bevor wir nach Frankreich fahren und dann nach England.»

«Oh nein. Das ist aber schade ... Aber du freust dich bestimmt, dass du in einem anderen Land leben kannst. In England!»

«Ja und nein», sagte Leo traurig. «Ich muss natürlich erst mal Englisch lernen. Aber für uns Juden ist es dort besser, sagt mein Vater. Es gibt da keine Nazis. Und er kann wieder als Arzt arbeiten, was er in Deutschland nicht mehr kann.» Leo grinste. «Du bist ganz der Alte, Friedrich. Immer mit der Nase in einem Buch. Worum geht es da?»

«Das ist eine Beschreibung echter Mordfälle in und um Berlin.»

«Das hätte ich mir denken können.»

Friedrich reichte Leo das Buch, damit er es sich ansehen konnte.

«Friedrich, der große Detektiv», sagte Leo, nachdem er darin geblättert hatte. «Ich schwöre, eines Tages wird dich dein Interesse an Kriminalfällen und Mordgeschichten noch in Schwierigkeiten bringen.» Er gab Friedrich das Buch zurück.

«Wie geht es diesem Fiesling, Dr. Braun?», fragte er.

«Er ist jetzt unser Klassenlehrer», antwortete Friedrich finster.

«Ach du Himmel. Das ist eine schlimmere Katastrophe als

das Große Kanto-Erdbeben von 1923», sagte Leo. «Jetzt, wo ich das weiß, bin ich wirklich froh, dass ich nicht mehr auf diese grässliche Schule muss.» Er trat mit dem rechten Fuß den Sand weg. «Manchmal wundere ich mich, wie manche Leute es schaffen, durchs Leben zu gehen, ohne umgebracht zu werden. Ich bin sicher, ich hätte Dr. Braun mittlerweile erschossen. Und diesen Fall hätte man ziemlich leicht aufklären können.» Er ließ sich neben Friedrich im Strandkorb nieder. «Wie geht's Frau Weber?»

«Frau Weber ist gegangen. Oder wurde entlassen. Das weiß man nicht genau.»

«Sie war Sozialistin, darum ist sie vermutlich gegangen. Pech für sie, dass sie keine Nationalsozialistin ist.»

«Was ist eigentlich der Unterschied?», fragt Friedrich.

«Ich glaube, die Sozialisten fühlen sich von den Juden nicht so sehr gestört wie die Nationalsozialisten.»

«Aber hier auf Rügen ist die Welt noch in Ordnung», meinte Friedrich. «Ich habe am Strand jedenfalls noch kein einziges Braunhemd gesehen.»

Leo lachte. «In der Badehose sieht man einem die politische Gesinnung nicht an, Fritz.» Er blickte aufs Meer hinaus. «Komm, du faule Kröte. Lass uns schwimmen gehen.»

Sie liefen ins Wasser und dachten die nächsten Stunden an nichts anderes als daran, jung zu sein. Sie schwammen, spielten Fußball, sammelten Muscheln und einige interessante Steine, aßen Würstchen und Eis, tranken Limonade, gruben ein großes Loch in den Sand und füllten es schnell wieder auf, als ein Mann beinahe hineinfiel. Schließlich setzten sie sich wieder in Friedrichs Strandkorb und ruhten sich aus.

Nach einer Weile wurde Friedrich auf zwei junge Männer aufmerksam, die in dem Strandkorb neben ihnen saßen. Einer von beiden schien Engländer zu sein, denn auch wenn er mit seinem Freund sehr gutes Deutsch sprach, las er die Zeitung *The Times*, und Friedrich wusste, dass dies die wichtigste englische Zeitung war und dass sie aus London kam. Leo überlegte, wie er den Engländer fragen könnte, ob er sich seine Zeitung einmal ausleihen dürfte, denn sein Vater hatte ihm gesagt, dass man eine fremde Sprache am besten lernen könnte, wenn man die Zeitung las.

Schließlich gingen die Jungen hinüber, und Leo sprach die Männer an. Friedrich bewunderte ihn für seinen Mut. Der Engländer lächelte die Jungen freundlich an, reichte Leo die Zeitung und sagte, sie dürften sie gern behalten.

«Do you speak English?», fragte der Mann. Er hatte strahlend blaue Augen und ein unbeschwertes Lächeln.

«Nein, noch nicht», antwortete Leo. «Ich lerne es in der Schule. Und mein Vater hat gesagt, eine englische Zeitung würde mir sehr helfen.»

«Das stimmt. Ich habe selbst Englisch unterrichtet, in Berlin, und meinen Schülern immer geraten, die *Times* zu lesen, wenn sie eine bekommen können. Das Englisch darin ist immer von bester Qualität.»

«Mein Freund hier ist aus Berlin», sagte Leo. «Ich habe auch da gewohnt. Aber jetzt lebe ich in Rostock.»

«Kommst du oft hierher?», fragte der Engländer Friedrich.

«Jedes Jahr», antwortete Friedrich.

«Ich habe in Schöneberg gewohnt, am Nollendorfplatz.»

«Dann waren wir ja praktisch Nachbarn!», meinte Friedrich. «Ich gehe in Wilmersdorf zur Schule.»

Da die Jungen das Gefühl hatten, sie hätten den Engländer nun lange genug gestört, bedankten sie sich noch einmal für die Zeitung und gingen dann zurück zu ihrem Strandkorb.

«Komische Leute, die Engländer», meinte Friedrich leise.

«Warum sagst du das?», fragte Leo.

«Na ja, wie kann man bloß hier leben wollen, wenn man aus England kommt? Ich meine, da kann man sich jeden Platz auf der Welt aussuchen, und dann wählt man ausgerechnet das langweilige Deutschland, wo nie irgendwas Spannendes passiert.»

Leo lachte. «Hoffentlich bleibt es so.»

Später verabschiedeten sich die beiden Freunde, doch nicht ohne sich feierlich zu versprechen, sich Briefe zu schreiben und sich baldmöglichst zu treffen.

Friedrich war ein wenig traurig, nachdem er sich von Leo verabschiedet hatte. Er lief zurück ins Kurhaus, um mit seinen Eltern zu essen. Nach dem Abendessen ging er noch ein wenig auf der Hotelterrasse umher und sah sich den Sonnenuntergang an. Nach einer Weile bemerkte er den Engländer, der am Strand mit gesenktem Blick hektisch hin und her lief. Er schien etwas im Sand zu suchen. Friedrich beschloss, ihm seine Hilfe anzubieten. Wie viele Kinder in seinem Alter war er schon seit Jahren bei den Pfadfindern, und jeden Tag eine gute Tat zu vollbringen gehörte zu den Pfadfinderregeln.

Friedrich nahm dieses Versprechen sehr ernst. Das tat er immer. Es war schließlich sinnlos, fand er, etwas zu versprechen, wenn man es nicht hielt.

«Das ist wirklich sehr nett von dir, junger Mann», sagte der Engländer, als Friedrich zu ihm kam. «Aber ich fürchte, du kannst mir nicht helfen. Ich habe meine Armbanduhr verloren.»

«War sie wertvoll?», fragte Friedrich.

«Nicht besonders. Aber sie ist ein Geschenk von meiner Mutter, und ich würde sie nur ungern verlieren. Du weißt ja, wie Mütter sind.»

«Ja», sagte Friedrich, «ich habe selbst eine. Wo haben Sie die Uhr denn zuletzt gehabt?»

«Hier am Strand», sagte der Mann. «Ich habe schon nach dem Strandwächter gesucht, falls er sie gefunden hat, aber er ist nicht mehr da. Und ich kann mich einfach nicht mehr erinnern, wo ich gesessen habe. Hier stehen so viele von diesen Strandkörben, die kann man unmöglich auseinanderhalten.»

«Glücklicherweise kann ich mich sehr gut erinnern», meinte Friedrich. «Sie haben nämlich neben mir gesessen. Sie haben mir Ihre Zeitung gegeben, erinnern Sie sich?»

«Ach ja», antwortete der Engländer. «Du bist doch der Junge, der Englisch lernen will.»

Das stimmte zwar nicht ganz, aber Friedrich wollte den Engländer nicht noch mehr verwirren.

«Sehen Sie», sagte er stattdessen, «diese Strandkörbe sind alle nummeriert. So kann man seinen Strandkorb wiederfinden.»

«Das wusste ich nicht. Aber das ergibt natürlich Sinn. Und es ist typisch deutsch, finde ich. Die Engländer würden an so etwas niemals denken.»

«Ihr Strandkorb hatte die Nummer zwanzig. Denn meiner hatte Nummer neunzehn.»

Friedrich führte den Engländer zu den beiden Strandkörben, und der Mann suchte im Mondschein vor seinem Strandkorb nach der Uhr – allerdings ohne Erfolg. Gerade wollte er aufgeben, da hatte Friedrich plötzlich eine Idee.

«Sagen Sie, sind Sie vielleicht schwimmen gegangen?»

«Ja, das bin ich.»

«Und was haben Sie dann mit Ihrer Uhr gemacht?»

Der Mann runzelte die Stirn. «Ich habe sie meinem Freund Heinz gegeben.»

«Und was hat er damit getan?»

«Er hat sie in eine Papiertüte gelegt, damit kein Sand hineinkommt. Ich weiß nicht, was er dann damit getan hat. Leider ist er schon abgereist, um uns in Kopenhagen Zimmer zu besorgen, also kann ich ihn nicht fragen. Es ist wirklich ein Rätsel.»

«Sie glauben nicht, dass er sie vielleicht mitgenommen hat?», fragte Friedrich.

«Vielleicht. Aber wir hatten nur Badehosen an, und ich hätte es bestimmt gesehen, wenn er die Uhr dabeigehabt hätte, als wir vom Strand kamen.»

«Haben Sie auch unter der Fußstütze nachgesehen?»

«Fußstütze? Was für eine Fußstütze?»

«Unter dem Sitz gibt es in jedem Strandkorb Fußstützen, die man wie eine Schublade hervorziehen kann. Die Leute verstecken oft ihre Wertsachen darunter, wenn sie schwimmen gehen.»

Friedrich kniete sich hin und zog eine der Fußstützen hervor, die von Sand und Salz klebte.

Und dort lag eine Papiertüte mit der Uhr des Engländers.

Der Mann jubelte vor Freude. Und Friedrich war sehr zufrieden mit sich, denn soeben hatte er seinen ersten Fall gelöst. Nun, es war vielleicht kein richtiger Kriminalfall gewesen, doch zumindest hatte er ihn mit Kombinationsgabe gelöst.

«Ich wette, Ihr Freund Heinz hat sie einfach dort vergessen», sagte Friedrich.

«Ich kann dir gar nicht sagen, wie dankbar ich dir bin», sagte der Engländer und schüttelte Friedrich die Hand. «Und dabei fällt mir ein, dass ich mich noch gar nicht vorgestellt habe. Mein Name ist Christopher Isherwood.»

«Freut mich sehr», sagte Friedrich und stellte sich seinerseits vor.

«Ich möchte dir gern einen Finderlohn geben», sagte Mr. Isherwood, doch Friedrich lehnte ab.

«Ich habe gern geholfen», sagte er. «Wirklich.»

Der Mann befestigte die Uhr wieder an seinem Handgelenk. «Ich weiß etwas», sagte er. «Ich könnte dir doch ein bisschen Englischunterricht geben. Ich habe morgen noch den ganzen Tag Zeit, bevor ich nach Kopenhagen fahre. Wie gesagt, in Berlin habe ich als Englischlehrer gearbeitet, ich weiß also, wie es geht.»

«Danke, das wäre wirklich schön», sagte Friedrich. Er fand, es könnte nicht schaden, ein bisschen Englisch zu lernen, wenn er Briefe an Leo in London schicken wollte. «Aber fahren Sie denn nicht zurück nach Berlin?»

«Nein, leider nicht. Was wirklich schade ist, denn ich liebe diese Stadt wirklich sehr. Ich habe die letzten drei oder vier Jahre dort verbracht und kann es kaum ertragen, dass ich ‹Leb wohl, Berlin› sagen muss. Es ist seltsam, aber ich habe das Gefühl, ich werde etwas sehr viel Bedeutenderes verlieren als meine Uhr. Doch mit der neuen Regierung werden die Dinge für Leute wie mich in Berlin einfach zu schwierig.»

«Weil Sie Engländer sind?», wollte Friedrich wissen.

«Nein, deswegen nicht. Engländer sind in Deutschland noch recht willkommen.»

«Dann sind Sie Jude, oder? Oder vielleicht Sozialist?»

Christopher lächelte Friedrich an.

«So etwas in der Art, ja.»

Zweiundzwanzigstes Kapitel

Das Rätsel des Messingknopfes

TEIL 1

Friedrich und seine Eltern fuhren mit dem Zug zurück nach Berlin und kamen spät am Samstagnachmittag am Stettiner Bahnhof an. Herr Kissel rief ein Taxi, das sie nach Hause brachte, und Friedrich half ihm, die Koffer auf dem kleinen Gepäckhalter des Taxis zu befestigen; seinen Detektivkoffer behielt er jedoch während der Fahrt auf den Knien.

Die Taxifahrt führte sie über die Jägerstraße in Richtung Westen. In der Nähe des Restaurants Haussmann sah Friedrich etwas, das ihn sehr beunruhigte: Ein Mann in einem weißen Anzug wurde von drei Männern in ein großes schwarzes Auto gezerrt. Er konnte nur einen kurzen Blick auf die Szene werfen, da das Taxi so schnell fuhr, doch Friedrich war beinahe sicher, dass der Mann im weißen Anzug der Maler Eduard Ehrlich gewesen war.

Er drehte sich in seinem Sitz herum und spähte besorgt aus der Heckscheibe des Taxis, doch in diesem Moment bog es in die Mauerstraße ein, und Friedrich konnte nur noch über das Gesehene nachgrübeln. Er erinnerte sich daran, dass Ehrlich gesagt hatte, er sei schon früher verhaftet worden und hätte eine Menge Fragen beantworten müssen, sodass es vielleicht keinen Grund zur Sorge gab. Doch Friedrich machte sich trotzdem Sorgen.

«Irgendwas nicht in Ordnung?», fragte sein Vater.

«Der Mann da eben – der Mann in dem weißen Anzug ... es sah so aus, als würde man ihn gerade verhaften.»

«An diesen Anblick gewöhnst du dich besser», sagte sein Vater, was ihm einen strengen Blick von seiner Frau einbrachte. Sie schien entschlossen, beinahe alles zu ignorieren, was um sie herum passierte. «Daran und an die Gestapo.»

Friedrich sprach nicht weiter darüber, was er gesehen hatte. Sonst hätte er erklären müssen, woher er den Maler kannte, und je weniger seine Eltern davon wussten, desto besser. Er hatte keinen Zweifel daran, dass sein Vater sehr wütend wäre, wenn er wüsste, dass sein Sohn sich von einem Kommissar Finger dazu hatte überreden lassen, ihren Nachbarn und Freund Erich Kästner auszuspionieren. Ganz sicher hätte er Friedrich bis zum Rest der Sommerferien Hausarrest gegeben.

Daher schien es Friedrich besser zu schweigen.

Das hieß aber nicht, dass er Kästner nicht davon erzählen konnte, was er gesehen hatte, und kurz nach ihrer Rückkehr in der Roscherstraße erfand Friedrich eine Ausrede, um das Haus zu verlassen. Er ging sofort ins Nachbarhaus, um Kästner zu besuchen. Doch der Schriftsteller war nicht zu Hause, nur seine Freundin Luise. Sie sagte Friedrich, dass Kästner für ein paar Tage nach Italien gereist sei und erst am Montagabend zurückkäme.

Friedrich hätte ihr erzählen können, was er gesehen hatte, doch er hatte sie noch nie zuvor getroffen, und auch wenn sie ausgesprochen nett wirkte, war er nicht sicher, ob er ihr vertrauen konnte. Wie so viele Menschen in Deutschland wurde Friedrich immer verschwiegener.

Am Montagmorgen nahm Friedrich seinen Detektivkoffer und traf sich mit den Zwillingen am Eingang zum Berliner Aquarium. Manchmal gingen sie hinein, allerdings nur, wenn die Krokodile gefüttert wurden, was dienstags und samstags um 4 Uhr nachmittags der Fall war. Bei der Fütterung der Krokodile dabei zu sein gehörte zu ihren Lieblingsbeschäftigungen in den Ferien, weil es so viel interessanter war, als den Löwen zuzusehen, die ihr Futter immer sofort wegschleppten und vor Blicken geschützt fraßen. Krokodile dagegen schnappten sich ihr Fressen und schlangen es sofort herunter.

Sobald er die Zwillinge sah, erzählte Friedrich ihnen davon, wie er gesehen hatte, dass Ehrlich verhaftet worden war.

«Es waren drei Männer, die ihn in ein schwarzes Auto gestoßen haben», schloss er.

«Was für ein Auto?», wollte Albert wissen.

«Ein Mercedes 170», sagte Friedrich. «Mit einem Berliner Kennzeichen.»

«Bist du ganz sicher, dass er es war?», fragte Doktor.

«Ich habe nur einen kurzen Blick aus dem Taxifenster werfen können, und das Taxi fuhr natürlich ziemlich schnell, wie Taxis immer fahren. Aber ich bin mir sicher, ja. Er trug einen weißen Anzug. Und auch einen weißen Hut.»

«Viele Leute tragen im Sommer weiße Anzüge», meinte Doktor. «Sogar in Berlin. Mein Zahnarzt, zum Beispiel. Und andere Ärzte. Und Krankenträger. Oder Tennisspieler. Und Anstreicher und Dekorateure.»

Friedrich nickte. «Aber es passierte auf der Jägerstraße, wo Herr Ehrlich wohnt. Und keiner von diesen Leuten, von denen du sprichst, trägt normalerweise einen weißen Hut.»

«Stimmt.»

«Was ist mit den Männern, die ihn verhaftet haben?», wollte Doktor wissen. «Wie sahen die aus?

«Auf jeden Fall hatten sie keine Uniform an», antwortete Friedrich.

«Dann wurde er vielleicht gar nicht verhaftet. Vielleicht wurde er gekidnappt. Von Kriminellen. Um Lösegeld zu erpressen!»

«Oder es waren Polizisten in Zivil», sagte Friedrich. «Detektive, zum Beispiel. Mein Vater hat gesagt, es gibt jetzt eine neue Polizeimacht namens Gestapo. Das sind geheime Polizisten. Es könnten also solche gewesen sein.»

«Also, ich finde, wir sollten Folgendes tun», schlug Doktor vor. «Wir wissen, wo Ehrlich wohnt. Also gehen wir jetzt hin und klingeln bei ihm. Er hat gesagt, wir wären immer willkommen, oder nicht? Also schauen wir einfach nach, ob es ihm gutgeht, und dann lassen wir ihn weiter seine Bilder malen oder was auch immer er gerade tut. Er wird nichts dagegen haben, wenn wir ihm erzählen, dass du gedacht hättest, er würde verhaftet.»

«Genau», sagte Albert. «Aber was, wenn er wirklich verhaftet worden ist? Was machen wir dann?»

Doktor schüttelte den Kopf. «Darüber können wir dann immer noch nachdenken.»

Die drei gingen also durch den Tiergarten in Richtung Jägerstraße. In der Nähe der Statue von Richard Wagner machten sie bei ein paar Bänken Rast, denn es war ein heißer Tag. Es war schwer zu glauben, dass jemand bei so herrlichem Wetter verhaftet worden sein sollte.

«Was hast du eigentlich in dieser Tasche da?», fragte Doktor Friedrich.

«Das ist eine Detektivausrüstung, die mir Herr Kästner zum Dank geschenkt hat», erklärte er. «Sachen, die ein Detektiv braucht, um ein Verbrechen aufzuklären. Ich habe sie mitgebracht, weil ich es nicht gerecht finde, wenn nur ich die Sachen benutzen darf. Immerhin haben wir sie alle zusammen verdient.» Er öffnete die Tasche und zeigte seinen Freunden, was darin lag. «Ich dachte, dass du, Doktor, die Lupe nimmst und Albert die Kamera», sagte er. «Wenn es für euch in Ordnung ist, trage ich die Tasche und verwende das Notizbuch und den wissenschaftlichen Kram.»

«Na gut, aber vorher sollten wir uns auf etwas einigen», sagte Doktor. «Von jetzt an machen wir nur noch Polizeiarbeit. Das ist ehrliche Arbeit. Keine Spionage mehr, in Ordnung?»

«Einverstanden», sagte Friedrich, und Albert nickte.

Dann gingen sie durch einen waldigeren Teil des Tiergartens und hielten dabei halbherzig Ausschau nach einer Höhle, die sie vor ein paar Wochen gebaut hatten. Plötzlich fiel ihnen ein großer Gegenstand ins Auge, der im Gebüsch lag. Erst hielten sie ihn für einen toten Schwan, denn der Gegenstand war weiß. Dann glaubten sie, es wäre ein Tischtuch, das von einem der vielen Gartenrestaurants im Park hergeweht worden war. Mit wachsendem Schrecken erkannten sie schließlich, dass es ein Mensch war. Und es dauerte noch ein paar weitere Minuten, bevor sie mit Entsetzen erkannten, dass das, was dort im Gebüsch lag, Eduard Ehrlichs Leiche war.

Dreiundzwanzigstes Kapitel

Das Rätsel des Messingknopfes

Teil 2

Eine Weile standen sie wie betäubt vor Entsetzen unter den Bäumen. Nach einer Weile flüsterte Albert: «Vielleicht schläft er ja nur.»

«Ich wünschte, das würde er», sagte Friedrich. «Aber seine Augen sind offen. Und niemand schläft mit offenen Augen.»

«Ist das Blut an seinen Fingern?», fragte Albert, der auf einmal beinahe gesprächig war.

«Nein, das ist kein Blut», sagte Friedrich. Er spürte, wie ihm die Tränen kamen.

«Woher weißt du das?», fing Albert wieder an.

Friedrich schluckte. «Als ich ihn zum ersten Mal getroffen habe, hatte er schon rote Farbe an den Fingern. Wahrscheinlich hat er gerade ein Bild mit viel Rot gemalt.»

«Vielleicht ist er ja einfach so gestorben», überlegte Albert. «Das passiert doch mit vielen Erwachsenen. Sie gehen spazieren, und plötzlich fallen sie einfach um und sind tot. Älteren Leuten kann alles Mögliche passieren ... plötzlich hören ihre Herzen einfach auf zu schlagen, oder sie haben einen Schlaganfall und fallen einfach tot um. Und sie können gar nichts dagegen machen. Unsere Großmutter hatte einen Schlaganfall, und bei ihr war es so, als hätte man ihr einfach das Licht ausgeknipst. Vielleicht ist es bei Herrn Ehrlich auch so gewesen.»

Friedrich glaubte nichts davon, aber er war auch nicht in der Lage, eine andere Erklärung für den Tod des Malers zu liefern; zumindest nicht im Moment. Und er war auch viel zu aufgewühlt, um klar zu denken.

«Wie alt war er überhaupt?», wollte Albert wissen.

«Achtunddreißig, stand in der *Berliner Illustrirten Zeitung*», sagte Doktor. Sie zog ihr Taschentuch hervor, wischte sich damit über die Augen und putzte sich dann die Nase. Sie war ebenso mitgenommen wie Friedrich von dieser tragischen Wendung der Ereignisse.

«Wie furchtbar», schniefte sie. «Dass er einfach so stirbt, wo wir ihn gerade erst kennengelernt haben. Er war so ein netter Mann. Ein wirklich netter Mann.»

«Genau.»

«Wir sollten zur Polizei gehen», sagte Doktor und sah Friedrich an. «Das hier ist eine ernste Sache.»

Doch keiner von ihnen wollte den Maler einfach dort liegen lassen.

Nach einer Weile fühlte Friedrich sich mutig genug, um näher zu treten und die Leiche genauer zu betrachten. Eduard Ehrlich war nicht der erste Tote, den er sah. Aber als sein Großvater gestorben war, hatte er im Bett gelegen und ausgesehen, als schliefe er. Dies hier war etwas ganz anderes.

Friedrich beugte sich vor und wollte gerade Doktor um die Lupe bitten, als er den Zigarrenstummel sah. Und er erkannte sofort, dass er ein Beweisstück vor sich hatte, und zwar ein bedeutendes.

Der Anblick dieses Hinweises auf ein mögliches Verbrechen reichte aus, um Friedrich die nötige Kraft zu geben, sich zusammenzureißen, und sei es auch nur für den armen Herrn Ehrlich.

«Seht euch das an», sagte er.

«Hat er Zigarre geraucht?», fragte Albert.

«Nein», sagte Friedrich. Mit zitternder Hand griff er in die Jackentasche des Toten und zog ein Paket Balto-Zigaretten heraus. «Nur diese, glaube ich. Was bedeutet, dass jemand anderes hier gewesen sein muss.»

«Äh, darfst du das überhaupt anfassen?», fragte Doktor.

«Vermutlich nicht», gab Friedrich zu. «Aber wir sind die Ersten am Tatort. Und in dem Buch von den zwei Berliner Detektiven von der Mordkommission steht, dass diejenigen, die als Erste den Tatort absuchen, am meisten finden. Dieser Zigarrenstummel ist wichtig. Er ist ein Indiz. Seht ihr den Namen auf der Banderole? Schwarze Weisheit.»

«Ja, aber es ist doch bloß dann ein Indiz, wenn an seinem Tod etwas verdächtig ist», meinte Doktor.

«Das stimmt», sagte Friedrich.

«Er könnte auch einfach einen Herzanfall gehabt haben und tot umgefallen sein, genau wie Albert gesagt hat.»

«Ja, aber wenn das so war», sagte Friedrich, «warum hat er dann bloß einen Schuh an? Und nur eine Socke?»

«Genau.»

«Und wieso hat er ein blaues Auge?», bohrte Friedrich

weiter nach. «Und eine Platzwunde auf der Stirn? Und eine gesprungene Lippe?»

«Vielleicht ist das passiert, als er hingefallen ist?», überlegte Doktor.

«In ein paar Farne? Außerdem liegt er auf dem Rücken. Nein, ich glaube, jemand hat ihn geschlagen. Und zwar heftig.»

«Aber man stirbt nicht an einem blauen Auge und einer gesprungenen Lippe», wandte Doktor ein.

«Das hängt davon ab», sagte Friedrich. «Vielleicht hat ihn jemand geschlagen, und deswegen hat er einen Herzanfall bekommen.»

«Der Schuh ist nirgendwo zu sehen», sagte Albert. «Aber hier sind eine Menge Fußabdrücke. Als wären mehrere Personen hier gewesen, nicht bloß er.»

Friedrich kniete sich neben den Maler hin, um keine Hinweise zu übersehen.

«Wartet mal», sagte er. «Er hat was in der Hand.»

Vorsichtig öffnete Friedrich dem Maler die Finger. Dort in der Hand lag ein einzelner Messingknopf, an dem noch etwas Zwirn hing. Friedrich dachte daran, was er auf der Jägerstraße aus dem Taxi gesehen hatte: wie Ehrlich gegen seinen Willen von drei Männern in ein Auto gedrängt worden war.

«Was ist das?», fragte Doktor.

«Ich schätze mal, das ist noch ein Indiz», sagte Albert. «Oder?»

«Wisst ihr, was ich glaube?», sagte Friedrich und betrachtete den Knopf genau.

«Wir sind keine echten Detektive, Fritz», sagte Doktor. «Das ist jedenfalls das, was ich glaube. Wir sollten das der Polizei überlassen. Echten Polizisten. Echten Detektiven. Bevor wir noch mehr Ärger kriegen. Die werden nicht sehr erfreut sein, wenn sie rausfinden, dass wir an ihrem Tatort herumgeschnüffelt haben. Wir sollten jetzt sofort einen Polizisten holen. Wachtmeister Beck wird schon wissen, was zu tun ist.»

«Ich glaube, Herr Ehrlich hat dem Mann, der ihn geschlagen hat, diesen Knopf abgerissen», fuhr Friedrich unbeirrt fort. «Und das bedeutet, es ist sehr gut möglich, dass Herr Ehrlich ermordet wurde.»

«Hast du gehört, was ich gesagt habe, Friedrich?», fragte Doktor drängend.

«Ja, habe ich. Aber findest du nicht, dass wir es Herrn Ehrlich schuldig sind, wenn wir herausfinden, wer das getan hat? Er war mein Freund. Und eurer. Ich weiß, du bist genauso erschüttert wie ich, Doktor. Wir müssen dafür sorgen, dass derjenige, der das hier getan hat, verhaftet wird.»

«Darum wird sich die Polizei kümmern, Friedrich. Denn das ist ihre Aufgabe. Nicht unsere. Wir sind bloß Schulkinder. Eine Lupe und ein Notizbuch ändern daran gar nichts. Bitte, das ist jetzt kein Spiel mehr! Wir sind hier nicht in *Emil und die Detektive*, Friedrich. Ein Mann ist gestorben! Das hier ist was Ernstes. Vor allem, wenn er vorher wirklich entführt worden ist.»

«Wenn er entführt worden ist, dann beobachten uns die Entführer vielleicht gerade», sagte Friedrich. «Um zu sehen, was passiert. Vielleicht kommen sie auch zurück, um den Knopf zu suchen. Wir können also nicht einfach losgehen und ihn hier liegen lassen. Das geht einfach nicht, Doktor.»

«Friedrich, bitte, hör doch auf mich!»

Friedrich merkte, dass Doktor nicht mit sich reden ließ. Sie hatte Angst. Er hatte selbst Angst. Und er wusste, dass sie recht hatte. Das hier war eine Aufgabe für die Polizei.

«Gut», sagte er. «Du hast recht. Am besten gehst du zur Wache und erzählst den Polizisten davon, Doktor. Erwachsene nehmen dich normalerweise ernster als mich oder Albert.»

«Genau.»

«Ich bleibe mit Albert hier und passe auf Ehrlich auf, falls Kinder auftauchen sollten.»

«Ich beeile mich.» Doktor nickte, reichte Friedrich die Lupe und rannte los.

Friedrich sah ihr nach. Dann sagte er: «Also gut, Albert, machen wir uns an die Arbeit. Ich weiß, es wirkt so, als würden wir Herrn Ehrlich gegenüber keinen Respekt zeigen, aber ich glaube wirklich, dass wir den Tatort erst mal so genau wie möglich untersuchen müssen, bevor die Polizei kommt.»

«Glaubst du wirklich, dass er ermordet wurde?», fragte Albert.

Friedrich nickte. «Ich glaube, dass diese drei Männer, die ihn in den schwarzen Mercedes gedrängt haben, ihn hergeschleift haben, zusammenschlugen und ihn dann bewusstlos hier liegen ließen, wo er schließlich starb.»

Albert schüttelte traurig den Kopf. «Aber wer würde einem Mann wie Herrn Ehrlich so was antun?»

«Ich weiß es nicht», sagte Friedrich, «aber vielleicht finden wir es heraus.»

Vierundzwanzigstes Kapitel

Das Rätsel des Messingknopfes

TEIL 3

Mit der Faltkamera machten Friedrich und Albert mehrere Aufnahmen von Ehrlichs Leiche, neben die sie das Maßband legten. Es war nicht einfach, die Fotos zu machen, denn ihnen zitterten beiden die Hände, doch irgendwie schafften sie es doch. Sie fotografierten die Kopfverletzungen und den bloßen Fuß, den Zigarrenstummel und den Messingknopf in Ehrlichs Hand. Dann legten sie den Zigarrenstummel und den Knopf in die Anglerbüchse, um sie sicher aufzubewahren, denn es schienen wichtige Indizien zu sein. Als es kurz darauf zu regnen begann, packten sie alle Gegenstände der Detektivausrüstung wieder in den Koffer, damit sie nicht nass wurden.

«Wir werden das alles der Polizei übergeben, wenn sie hier ist», meinte Friedrich. «Die werden sicher wissen, was sie damit anfangen sollen.»

«Genau.»

«Ich wette mit dir, ich finde an der Budapester Straße auch noch den fehlenden Strumpf und den Schuh», sagte Friedrich. «Vielleicht sogar seinen Hut. Als ich Herrn Ehrlich zuletzt gesehen habe, hat er jedenfalls einen getragen.»

«Na gut, ich warte hier.»

Friedrich ging in Richtung Straße, und es dauerte nicht lange, da stieß er tatsächlich auf einen weißen Panamahut, der neben der alten Goethe-Statue im Gras lag. Im Inneren des Hutes war ein Schild des Hutmachers Borchert, dessen Geschäft auf der Friedrichstraße lag. Friedrich kannte es, es war ein sehr guter Hutladen. Er nahm den Hut an sich und ging weiter, und nach einer Weile fand er einen weißen Schuh. Dieser trug einen Stempel von Rosenhain auf der Leipziger Straße, ein ebenfalls teurer Laden, wie Friedrich wusste. Ganz offensichtlich hatte Ehrlich nur bei den besten Herstellern eingekauft. Der Schuh lag im Rinnstein der Budapester Straße, eingeklemmt zwischen den Eisenstangen eines Gullys. Und dies schien Friedrichs Theorie zu untermauern: dass Ehrlich mit einem Auto hierhergebracht worden war, das hier auf der Budapester Straße gehalten hatte, und dass er eiligst aus dem Auto ausgestiegen war – oder herausgezerrt wurde. Doch von dem weißen Strumpf des Toten war nichts zu sehen.

Friedrich nahm den Schuh und ging wieder zurück zu Albert.

«Du hast die Sachen gefunden!», staunte Albert. «Na, das nenn ich mal gute Detektivarbeit.»

«In dem Buch, das ich gerade lese», sagte Friedrich, «steht, dass der Großteil der Detektivarbeit aus gesundem Menschenverstand besteht.»

«Glaubst du, der Hut und der Schuh sind auch wichtige Hinweise?»

«Dinge sind so lange wichtig, bis man ihre Unwichtigkeit bewiesen hat», erklärte Friedrich. «Bis dahin kann alles Mögliche von Bedeutung sein. Genau wie der Knopf und der Zigarrenstummel.»

«Genau.»

Friedrich drehte den Hut in seiner Hand. «Hier ist kein Blut dran», sagte er nachdenklich. «Kein einziger Fleck. Das ist das Gute an einem weißen Hut, man kann alles darauf sehen. Aber wenn man sich den Kopf des armen Herrn Ehrlich ansieht, dann hätte der tiefe Schnitt an seiner Stirn den Hut bestimmt schmutzig gemacht, wenn er ihn getragen hätte.»

«Und was bedeutet das?», fragte Albert.

«Dass er den Hut verloren hat, bevor ihn jemand geschlagen hat.»

«Und das bedeutet?»

«Ich kann es nur raten», meinte Friedrich. «Aber ich würde sagen, dass man Herrn Ehrlich aus dem Auto gezerrt und genau hier verprügelt hat.»

Albert schüttelte betrübt den Kopf. «Ich komme immer noch nicht drüber weg. Ich weiß gar nicht, was ich meinen Eltern sagen soll.»

«Vielleicht am besten gar nichts», schlug Friedrich vor. «Ich werde meinen jedenfalls nichts erzählen. Außer, sie fragen.»

Da es immer noch ein wenig regnete, legte Friedrich den Hut und den Schuh zu den anderen Indizien in den Detektivkoffer.

Minuten später hörten sie eine Polizeisirene. Und dann sahen sie Wachtmeister Beck und Kommissar Finger hinter

Doktor von der Budapester Straße herbeieilen. Beck trug seine Uniform, und Finger seinen grünen Tweedanzug, Krawatte und Melone.

«Da sind sie!», sagte Viktoria zu den Polizisten.

«Na, ihr kommt ja ganz schön herum», murmelte Finger atemlos.

Wachtmeister Beck legte Friedrich und Albert besorgt die Hände auf die Schultern: «Kein junger Mensch sollte so etwas sehen müssen», sagte er. «Das ist jedenfalls meine Meinung. Und es tut mir leid, dass ich dir nicht gleich geglaubt habe, Viktoria.»

«Schon in Ordnung», sagte Doktor.

«Also, was haben wir denn hier?» Finger betrachtete die Leiche ohne großes Interesse. «Eine männliche Person um die vierzig Jahre. Trägt einen weißen Anzug. Keine offensichtliche Todesursache. Keine Anzeichen für einen Kampf. Keine Waffen. Sieht wie ein ganz natürlicher Tod aus.»

«Wir glauben, der Mann ist Eduard Ehrlich», sagte Albert. «Der berühmte Maler.»

«Hm, ja, das hat deine Schwester schon gesagt», meinte Finger. Er zündete sich eine Zigarre an und warf das abgebrannte Streichholz weg. «Und das ist er auch, daran gibt es gar keinen Zweifel. Ich kann allerdings nicht behaupten, dass ich seine Bilder besonders mochte. Zu modern für meinen Geschmack. Irgendwie entartet. Nicht deutsch, wenn ihr wisst, was ich meine. Ich habe es gern, wenn man auf Bildern was erkennen kann, und zwar etwas Schönes und Erheiterndes. Und keinen Albtraum. Bilder wie die von diesem Ehrlich zeigen doch genau, was in Deutschland nicht stimmt.»

«Wir haben auch ein paar Indizien gefunden», warf Albert ein, unterbrach sich aber gleich wieder, als Friedrich ihn anfunkelte und den Kopf schüttelte.

«Wirklich?», fragte Finger. «Was für Indizien denn?»

«Einen Schuh und einen Hut», antwortete Friedrich. Er öffnete seinen Detektivkoffer und nahm die beiden Gegenstände heraus, die er Finger überreichte. «Sie lagen ungefähr hundert Meter östlich von hier. In der Nähe der Straße. Darum sieht es auch weniger nach einem Unfall aus, sondern eher wie – wie etwas anderes.»

«Du hättest diese Sachen gar nicht anfassen dürfen», rügte Finger, ohne den Kleidungsstücken besondere Beachtung zu schenken. «Das ist gar nicht ratsam.»

«Aber wenn ich sie nicht geholt hätte», sagte Friedrich, «dann hätte sie vielleicht jemand anderes mitgenommen. Nicht unbedingt den Schuh, weil man mit einem einzelnen Schuh ja nicht viel anfangen kann. Aber der Hut ist gut, besonders im Sommer.»

«Kann schon sein. Habt ihr noch mehr gefunden?», wollte Finger wissen.

Friedrich schüttelte den Kopf. «Nein», sagte er langsam. «Nichts. Überhaupt nichts.»

Doktor sah Friedrich mit gerunzelter Stirn an. Sie wusste

natürlich, dass es noch einen Messingknopf und einen Zigarrenstummel gab, den er eigentlich der Polizei übergeben sollte. Doch sie kannte Friedrich gut genug, um zu wissen, dass er einen triftigen Grund haben musste, wenn er dem Kommissar nichts davon erzählte.

Und Friedrich hatte tatsächlich einen sehr guten Grund. Eigentlich waren es sogar zwei.

«Glauben Sie, dass er ermordet wurde?», fragte er Finger.

«Ermordet?» Finger schüttelte lachend den Kopf. «Was bringt dich denn auf die Idee, Junge?»

«Die Platzwunde an seiner Stirn. Das blaue Auge. Die aufgeplatzte Lippe. Der verlorene Schuh.»

«Ach, man kennt doch diese Künstler», wiegelte Finger ab. «Die sind ständig betrunken oder streiten sich. Ich bezweifle, dass es ein Mord war. Nicht hier. Nicht am helllichten Tag.»

«Aber Sie schließen es auch nicht aus, oder?», hakte Friedrich nach.

«Das wird die Polizei schon herausfinden», knurrte Finger.

Friedrich nickte. «Na ja, ich denke, wenn jemand es herausfinden kann, dann Sie, Herr Finger. Mein Vater arbeitet beim *BT*, und er hat gesagt, Sie sind richtig berühmt. So berühmt wie Herr von Sonnenberg und Herr Trettin, die beiden Detektive von der Berliner Mordkommission.»

Finger versuchte nicht zu zeigen, wie geschmeichelt er war. «Ach, wirklich?», fragte er.

«Ja», fuhr Friedrich fort. «Und weil Herr Ehrlich ja auch

berühmt war, wird dieser Fall Sie bestimmt noch berühmter machen.»

«Nun, das ist natürlich möglich», sagte Finger lächelnd.

«Ich hoffe, es macht Ihnen nichts aus, wenn ich Sie um einen Gefallen bitte», redete Friedrich weiter. «Vielleicht halten Sie es nicht gerade für den besten Moment – aber da wir es waren, die die Leiche gefunden haben, wollte ich Sie fragen, ob ich vielleicht ein Foto von Ihnen und mir machen dürfte?» Friedrich zeigte ihm die Kamera. «Nur für mein Album. Und wenn Sie das Verbrechen aufgeklärt haben – falls es ein Verbrechen war, natürlich –, dann könnten Sie mir das Foto noch signieren.»

«Na gut», sagte Finger. «Aber beeil dich. Ich habe noch viel zu tun. Du begreifst wohl, dass wir das alles hier schnell wegschaffen müssen. Ich will nicht, dass noch mehr Kinder die Leiche sehen. Wachtmeister Beck, Sie rufen im Krankenhaus an und bitten die, ein paar Männer mit einer Trage herzuschicken.»

Friedrich reichte Albert die Kamera, und der schoss ein Foto von Friedrich neben dem geschmeichelten Kommissar Finger.

«Also dann», sagte Finger streng, als alles erledigt war, «ihr drei geht jetzt nach Hause. Wachtmeister Beck hat ja eure Adressen. Wenn wir noch etwas brauchen, melden wir uns. Aber jetzt übernehmen wir hier.»

Fünfundzwanzigstes Kapitel

Das Rätsel des Messingknopfes

Teil 4

Die Sonne war wieder hervorgekommen, und der Tiergarten sah wunderschön aus. Viel zu schön, um zu glauben, dass ein anständiger Mann hier gestorben war. Schweigend und nachdenklich verließen die Freunde den traurigen Ort und gingen durch den Park.

Friedrich fühlte sich sehr mitgenommen. Es kostete ihn viel Kraft, die Tränen zurückzuhalten, die er nicht nur um den armen Eduard Ehrlich weinen wollte, sondern auch um sich selbst und seine beiden Freunde. Er spürte, dass etwas für sie alle zu Ende gegangen war, doch er wusste nicht recht, was es war.

Trotzdem war er froh, dass er und Albert die Fotos aufgenommen und die Beweise zurückbehalten hatten – denn es hatte wahrhaftig nicht so ausgesehen, als wollte Kommissar Finger den Tod von Herrn Ehrlich wirklich untersuchen. Im Gegenteil: Ganz offensichtlich hatte der Kommissar nichts anderes im Sinn, als den Platz so schnell wie möglich zu säubern. Und die Art und Weise, wie er den Tatort mit seinem weggeworfenen Streichholz verunreinigt hatte, war sehr nachlässig und unprofessionell gewesen.

Schließlich brachen die Zwillinge das bedrückte Schweigen. Sie redeten sogar gleichzeitig los, was schon seit Jahren nicht mehr vorgekommen war: «Wieso wolltest du dich eigentlich unbedingt mit Herrn Finger fotografieren lassen?», fragten sie wie aus einem Mund.

«Und das bei allem, was du vorher über ihn gesagt hast», fuhr Doktor allein fort. «Du scheinst du ihn ja auf einmal richtig zu mögen, Friedrich. Was wirklich komisch ist, denn immerhin hat er behauptet, dass dein Freund Herr Kästner ein Spion wäre.»

«Das ist eigentlich gar nicht komisch», sagte Friedrich. «Und ich kann euch versichern, dass es eine logische Erklärung dafür gibt.»

«Die würde ich wirklich gern hören», sagte Doktor.

«Genau.»

«Aber erst will ich euch was fragen», fuhr Friedrich fort. «Findet ihr es nicht auch seltsam, dass Herr Finger zu Wachtmeister Beck gesagt hat, er solle den Tatort so schnell wie möglich aufräumen?»

Albert schüttelte den Kopf. «Man kann einen toten Mann doch nicht in einem öffentlichen Park herumliegen lassen», sagte er. «Schon gar nicht im Sommer.»

«Ja, aber wenn dieser Mann ermordet wurde», meinte Friedrich, «dann müssen einfach bestimmte Regeln befolgt werden. In dem Buch, das ich gerade lese, müssen Tatorte immer abgesperrt werden, damit die Beweismittel sichergestellt werden können. Und es ist ja nicht so, als wäre es irgendein Obdachloser gewesen. Es war ein berühmter Maler!»

«Warte mal», sagte Doktor. «Wer sagt denn, dass er ermordet wurde? Wo sind die Beweise dafür? Gut, er hatte ein blaues Auge und eine Platzwunde am Kopf. Aber wie Finger gesagt hat, kann es dafür doch eine ganz normale Erklärung geben. Vielleicht hat er sich wirklich mit einem anderen Maler geprügelt.»

«Genau», sagte Albert. «Immerhin war er ein Künstler, und Künstler streiten sich immer über irgendwas. Meistens über Kunst. Und manchmal prügeln sie sich dann eben auch.»

«Vielleicht stimmt das», meinte Friedrich. «Aber wenn ich mich in der Schule geprügelt habe, habe ich noch nie meinen Schuh verloren. Und wenn ich ihn verloren hätte, dann hätte ich ihn gesucht und gefunden, sonst hätte meine Mutter mir aber was erzählt.»

«Wo du gerade davon sprichst», sagte Doktor. «Was für Beweismittel soll die Polizei am Tatort denn noch finden, nachdem du den Zigarrenstummel und den Knopf an dich genommen hast? Nicht viel, schätze ich.»

«Das stimmt», nickte Friedrich. «Und darum erzähle ich euch jetzt, warum ich diese Beweismittel behalten habe: Erst einmal trägt der Zigarrenstummel immer noch seine Banderole, also kann man die Marke erkennen. Schwarze Weisheit. Ist euch aufgefallen, dass Kommissar Finger dieselbe Marke raucht?»

«Wirklich?», fragte Albert.

Doktor nickte. «Jetzt, wo du es sagst … Aber viele Männer rauchen diese Sorte, nehme ich an. Auch wenn ich nicht verstehe, warum, denn sie stinken ekelhaft. Und bestimmt ist es auch nicht gesund. Und was ist mit dem Messingknopf? Warum hast du den behalten?»

«Als wir Kommissar Finger zum ersten Mal auf der Polizeiwache am Sophie-Charlotte-Platz getroffen haben, sind mir gleich die Messingknöpfe an seinem Tweedanzug aufgefallen. Darauf sind kleine gekreuzte Säbel. Wie die von einer schlagenden Verbindung.» Friedrich blieb stehen und öffnete seinen Detektivkoffer. Er holte den Knopf hervor, den er Eduard Ehrlich aus der Hand genommen hatte, und hielt ihn den Zwillingen hin. «Sie sahen genauso aus wie dieser Knopf hier. Herr Ehrlich muss ihn jemandem von der Jacke gerissen haben … wahrscheinlich, als der ihn verprügelt hat.»

«Du lieber Himmel», sagte Doktor. «Du hast recht. Das ist genau der gleiche Knopf wie an Fingers Jacke.»

«Nur, dass jetzt nicht mehr alle Knöpfe an seiner Jacke sind», sprach Friedrich weiter. «Als er vorhin mit Wachtmeister Beck aufgetaucht ist, habe ich gesehen, dass ihm ein Knopf fehlte. Und der grüne Zwirn, den ihr hier an diesem Knopf in meiner Hand seht, ist mit Sicherheit der gleiche, mit dem Fingers Anzug genäht wurde. Es ist Fingers Jackenknopf.»

«Darum wolltest du also ein Foto mit ihm machen!», sagte Albert. «Jetzt verstehe ich: Du hast Beweise gesammelt, stimmt's, Friedrich? Du wolltest ein Foto von Herrn Finger in seiner Jacke und mit diesen Knöpfen. Also, mit fast allen.»

«Ganz genau», antwortete Friedrich. «Die Fotos werden beweisen, dass Herr Ehrlich den Knopf, der an Fingers Jacke fehlt, in der Hand hielt.»

«Das war klug von dir», sagte Albert. «Und auch mutig.»

«Aber was heißt das, Friedrich?», fragte Doktor. «Willst du damit sagen, dass Kommissar Finger ein Verdächtiger ist?»

«Oh nein», antwortete Friedrich. «Ich will damit sagen, dass Herr Finger einer der Mörder ist. Kein Verdächtiger. Ein Verdächtiger ist jemand, der vielleicht etwas getan haben könnte. Aber nach meiner Ansicht gibt es keinen Zweifel daran, dass Finger an Herrn Ehrlichs Tod beteiligt war. Er steckt bis zum Hals drin.»

«Das würde natürlich auch erklären, warum er den Tatort so schnell wie möglich aufräumen wollte», meinte Albert.

«Ganz genau. Und wisst ihr noch, was er über Kunst gesagt hat? Dass die Bilder von Herrn Ehrlich das zeigten, was in Deutschland nicht richtig ist? Ich wette, Herr Finger ist ein Nazi. Genauso ein Nazi, der gern Bücher verbrennt und jüdische Läden boykottiert und Leute nicht mehr als Lehrer arbeiten lässt.»

Doktor schüttelte den Kopf. «Darf ich dich daran erinnern, dass Kommissar Finger Polizist ist?»

«Das weiß ich», sagte Friedrich. «Aber das hält einen ja nicht davon ab, schlimme Sachen zu tun, oder? Wir wissen, dass er über Herrn Kästner gelogen hat, als er ihn als Spion bezeichnet hat, obwohl er gar keiner ist. Der Mann ist ein Verbrecher, da bin ich ganz sicher.»

Doktor stiegen die Tränen in die Augen. «Aber das ist ja schrecklich, Friedrich», sagte sie. «Wem sollen wir das erzählen?»

«Ich weiß nicht», sagte Friedrich, «aber bestimmt nicht der Polizei vom Sophie-Charlotte-Platz. Der können wir nicht trauen. Noch nicht mal Wachtmeister Beck.»

«Aber wenn man noch nicht mal mehr der Polizei trauen kann, wem dann?», schniefte Doktor. Albert legte ihr einen Arm um die Schultern.

Irgendwo in der Ferne hörten die drei Freunde einen Pfau schreien. Es klang wie der Schrei von jemandem in großer Not und passte irgendwie zu ihrer Stimmung. Sie brauchten dringend Hilfe.

«Was ist mit diesen beiden Männer, die das Buch geschrieben haben, von dem du immer redest?», fragte Albert. «Die für die Mordkommission arbeiten. Zu den können wir doch mit unseren Beweisen gehen.»

«Otto Trettin und von Sonnenberg? Ja, an die habe ich auch schon gedacht. Aber ich weiß nicht, ob man ihnen mehr trauen kann als Finger. Ich kenne aber jemanden, der das wissen wird.»

«Wen?», fragte Doktor.

«Herrn Kästner. Wer könnte uns jetzt besser helfen als der Mann, der sich *Emil und die Detektive* ausgedacht hat? Immerhin hat er den beiden Detektiven beim Schreiben dieses Buches geholfen. Und er war ein guter Freund von Ehrlich. Also wird er bestimmt wissen, ob man ihnen trauen kann.» Er holte tief Luft. «Ich rede heute Abend mit ihm. Aber bis dahin ist es vielleicht besser, wenn wir mit niemandem darüber sprechen, was wir heute gesehen haben. Einverstanden?»

«Einverstanden», sagten die Zwillinge.

Sechsundzwanzigstes Kapitel

Sichtweisen

Erich Kästner hörte aufmerksam zu, was Friedrich ihm erzählte, und dann stieß er einen lauten Schrei aus, der beinahe so klang wie der des Pfaus im Tiergarten. Friedrich war erschrocken, dass ein erwachsener Mann einen solchen Klagelaut ausstoßen konnte, und er schwieg respektvoll, bis Herr Kästner seine Beherrschung wiedergewonnen hatte.

«Das ist eine echte Tragödie», sagte der Schriftsteller schließlich und stützte sein Gesicht in die Hände. «Eine schreckliche Tragödie. Eduard Ehrlich war ein sehr begabter Maler. Und nun wird die Welt vielleicht nie erfahren, was für ein großer Künstler er gewesen ist.»

Friedrich reichte seinem Freund den Film aus der Kamera sowie die Beweismittel, die er am Tatort gefunden hatte. Er wusste nicht viel über die Kunst von Herrn Ehrlich; er wusste nur, dass er ihn sehr gemocht hatte.

«Die Nazis haben Eduard schon mehrfach gedroht», sagte Kästner. «Sie haben gesagt, wenn er Deutschland nicht verlässt, dann würde er es noch bereuen. Und nun ist es zu spät.» Er fuhr sich mit beiden Händen über das Gesicht. Dann sah er Friedrich an. «Aber ich glaube, deine Theorie ist die einzig mögliche Erklärung: dass dieselben Feiglinge, die ihn verhaftet haben, ihn auch zusammenschlugen. Und dabei sind sie zu weit gegangen, und er ist daran gestorben. Und deswegen ist es Mord, wie man es auch dreht und wendet.»

Sie saßen im Wohnzimmer des Schriftstellers in der Roscherstraße, und bis jetzt hatte Friedrich seine Tränen zurückgehalten, damit er Herrn Kästner alles so ruhig wie möglich erklären konnte. Doch nun konnte er sich nicht mehr zusammenreißen, denn seit dem Moment, als sie Eduard Ehrlichs Leiche gefunden hatte, drängten sie an die Oberfläche. Er begann zu weinen. Vielleicht lag es daran, dass jemand anderes das Wort «Mord» ausgesprochen und damit das Fass zum Überlaufen gebracht hatte. Bis zu diesem Moment hatte alles so unwirklich geschienen, wie eine albtraumhaften Version von *Emil und die Detektive*.

Kästner reichte ihm ein Taschentuch. Er hatte größte Lust mitzuweinen und schüttelte den Kopf, als Friedrich versuchte sich zu entschuldigen. «Nein, Fritz, mir geht es ganz genauso wie dir.»

«Die dürfen nicht davonkommen», schniefte Friedrich und putzte sich die Nase.

«Hmmm, das ist leichter gesagt als getan, fürchte ich», sagte Kästner. «Wir leben in schwierigen Zeiten. In den letzten sechs Monaten hat sich Deutschland vollkommen verändert. Ich habe mein ganzes Leben hier gelebt, und jetzt erkenne ich das Land und die Leute kaum noch wieder. Ich fühle mich wie ein Fremder im eigenen Land. Gott allein weiß, wie es sein muss, als Jude hier zu leben.»

«Ihnen wird bestimmt etwas einfallen, was wir tun können, oder? Sie sind doch ein bedeutender Schriftsteller.»

«Dein Glaube an uns Schriftsteller ist rührend, Friedrich, aber ich fürchte, nicht ganz gerechtfertigt. Es ist eine Sache, dafür zu sorgen, dass eine Geschichte funktioniert, aber was das wahre Leben angeht, so ist es etwas ganz anderes. Die Möglichkeiten eines Schriftstellers sind beschränkt. Die einzige Magie, die ich beherrsche, ist das Erzählen einer Geschichte.»

Friedrich schwieg eine Weile nachdenklich. Dann sagte er: «Was ist mit Ihren beiden Freunden bei der Mordkommission? Herrn von Sonnenberg und Herrn Trettin. Vielleicht könnten sie diesen Fall untersuchen.»

Kästner lächelte traurig. «Ich muss dir leider sagen, dass man sich momentan auf niemanden bei der Polizei verlassen kann. Selbst wenn die beiden den Fall gern übernehmen würden – und ich sage nicht, dass sie es nicht gern täten –, würden ihre Vorgesetzten ihnen vermutlich sagen, dass sie die Finger davon lassen sollten. Dass sie am besten so tun sollen, als sei nichts passiert.»

«Aber warum?», fragte Friedrich.

«Wenn ich an deinen Vorsatz denke, dass du später einmal selbst Detektiv werden willst, Friedrich, würde ich dir die Einzelheiten lieber ersparen», meinte Kästner. «Aber ich fürchte, ich muss dir sagen, dass das kein ordentlicher Beruf mehr für einen anständigen jungen Mann wie dich ist. Der einzig wahre Detektiv, den ich in letzter Zeit getroffen habe, bist du, mein Junge. Du bist der einzige Detektiv, der sich wirklich dafür zu interessieren scheint, wer unseren armen Freund umgebracht hat. Der Rest ... der Rest ist nicht so wie du.»

«Was meinen Sie damit?»

«Nur das: Seit die Nazis im Januar an die Regierung gekommen sind, sind Tausende von Männern – gute Männer, ehrliche Männer – aus der Berliner Polizei entlassen worden. Und ihre Positionen besetzt man nun mit verurteilten Kriminellen. Einige von ihnen haben tatsächlich schon Morde begangen.»

«Aber warum sollte irgendjemand Kriminelle bei der Polizei einstellen?», fragte Friedrich entsetzt. «Das ergibt doch gar keinen Sinn.»

«Weil Ehrlichkeit und guter Charakter heute offenbar nicht mehr so wichtig sind wie die Hingabe zur NSDAP, Friedrich. Heute müssen Polizisten das tun, was man ihnen sagt, und nicht das, was richtig ist.»

«Männer wie Herr Finger», meinte Friedrich.

«Genau. Männer, die sich nicht um das Gesetz scheren, sondern nur darum, den Willen eines Mannes zu unterstützen. Den Willen des Führers von Deutschland, Adolf Hitler. Daher bin ich davon überzeugt, dass der Tod des armen Ehrlich nie wirklich untersucht werden wird. Er wird sicher als

natürlicher Tod abgetan. Mit anderen Worten, sie werden abstreiten, dass Ehrlich ermordet wurde. Und behaupten, er hätte einen Herzanfall oder Schlaganfall gehabt.»

«Aber es muss doch etwas geben, was wir tun können», sagte Friedrich.

«Vielleicht gibt es das», sagte Kästner. «Aber vermutlich nicht hier in Deutschland. Ich werde diese Beweise, die du so mutig gesichert hast, am besten in die Schweiz bringen, wo ich sie mit deiner Erlaubnis der ausländischen Presse übergeben werde. An Journalisten aus England und Amerika. Damit die Welt die Wahrheit über Eduard Ehrlichs Tod erfährt und das wahre Gesicht dieser Regierung erkennt. Aber keine Sorge, ich werde deinen Namen und die deiner Freunde aus der Sache heraushalten. Ich sorge dafür, dass keiner auf die Idee kommt, ihr könntet Finger als Eduard Ehrlichs Mörder überführt haben.»

«Das ist mir ganz egal», sagte Friedrich mutig.

«Nun, deinen Eltern wird es ganz sicher nicht egal sein. Sie wollen bestimmt nicht, dass dir etwas passiert. Und ich ebenso wenig.»

«Aber ich verstehe immer noch nicht, warum sie Herrn Ehrlich so gehasst haben», sagte Friedrich. «Warum?»

«Lass es mich so sagen», sagte Kästner. «Es gibt eine Menge Dinge an moderner Kunst, die mir nicht gefallen. Aber ich bin trotzdem froh, dass es Künstler gibt, die das malen, was ihnen gefällt. Nicht das, was mir gefällt oder was die Regierung ihnen befiehlt.» Er stand auf. «Komm, vielleicht kann ich es dir am besten erklären, wenn wir uns eines von Ehrlichs Bildern ansehen.»

Kästner nahm Friedrich mit in sein Arbeitszimmer und zeigte ihm ein seltsames geometrisches Bild, das aussah wie drei Jazzmusiker. Das Bild war in knalligen Primärfarben gehalten und schien das ganze Zimmer wie ein Neonschild zu beleuchten.

«Eduard hat dieses Bild vor ungefähr zehn Jahren gemalt. Es ist eins meiner absoluten Lieblingsbilder, ein sogenanntes abstraktes oder kubistisches Bild. Ein bisschen so wie von diesem Spanier, Picasso. Die Nazis halten solche Bilder alle für böse und gottlos. Sie glauben, dass sie die Menschen verderben. Aber jetzt würde mich interessieren, was du davon hältst.»

Friedrich betrachtete das Bild. «Ich mag es», sagte er schließlich. «Und ganz sicher kommt es mir nicht gottlos vor. Oder böse. Es sieht farbenfroh und fröhlich aus. Und irgendwie macht es einen auch nachdenklich?»

Kästner nickte. «Eduard hat wie viele Künstler geglaubt, dass man ein Bild betrachten muss wie ein Detektiv. Nichts, was man sieht, sollte man für eine offensichtliche Tatsache halten. Als Künstler glaubte er, dass man alle Gegenstände analysieren müsse, sie aufbrechen und wieder in anderer Form zusammensetzen. Und eine andere Schlussfolgerung ziehen, als man normalerweise getan hätte. Das wirst du sicher verstehen, nach allem, was du gerade herausgefunden hast.»

«Sie meinen, es ist ein bisschen so, wie Beweise zu suchen?», fragte Friedrich.

«Richtig. Damit der Künstler genau wie der Detektiv eine andere Geschichte erzählen kann als die offensichtliche.

Denn was man zu sehen glaubt, ist nicht immer wirklich da; und was wirklich da ist, kann viel mehr bedeuten, als man zunächst erwartet hat.»

«So wie der Zigarrenstummel und der Messingknopf», sagte Friedrich.

«Genau. Einigen Menschen würde es gut gefallen, wenn du den Zigarrenstummel und den Knopf und den Hut und den Schuh für etwas ganz Unschuldiges hältst. Aber du hast bewiesen, dass die Sachen etwas ganz anderes bedeuten. Das nennt man freies Denken. Und diese Art zu denken gefällt den Nazis nicht, Friedrich. Darum fürchten sie Menschen wie Eduard Ehrlich. Weil er auf unabhängige Weise dachte. Und das ist das Recht jedes Menschen.» Er deutete auf das Bild. «Dazu ermahnt uns seine Arbeit. Es sagt: Denk doch, was du willst, aber lass mich so denken. Und die Nazis sagen uns: Wir sagen dir, was du sehen sollst; wir sagen dir, was du verstehen sollst; wir sagen, was da ist, und wichtiger noch, was nicht da ist, und schon bald werden wir dir sagen, was du denken und nicht denken sollst. Und das macht sie so gefährlich für die Freiheit, mein Junge.»

Friedrich sah den Schriftsteller an. «So wie Sie über die Nazis sprechen», sagte er, «klingt es ziemlich beängstigend.»

«Ja. Das ist es auch. Es gibt nichts Beängstigenderes als Menschen, die versuchen, unsere Gedanken zu kontrollieren.»

Friedrich nickte. Aber da war noch etwas anderes, was ihm Sorgen bereitete.

«Meine Mutter hat gesagt, dass Sie Deutschland verlassen sollten», meinte er. «Ich glaube, Sie macht sich Sorgen um

Sie. Und ich auch, nach dem, was mit Herrn Ehrlich passiert ist. Haben Sie keine Angst davor, dass Ihnen selbst auch etwas passieren könnte?»

Kästner legte Friedrich die Hand auf die Schulter. «Das ist nett von dir, mein Junge. Aber im Moment bin ich sicher. Ich fürchte sogar, dass mein Heimatland mich gar nicht gern gehen lassen würde. Ich meine damit nicht, dass ich nicht gehen dürfte, wenn ich wollte. Das schon. Vermutlich würde die Regierung mich nur zu gern ausreisen lassen. Aber ich bin ein bisschen wie ein Baum, der in Deutschland gewachsen ist und der eingehen und sterben würde, wenn man ihn entwurzelt und woanders wieder einpflanzt. Ich sehe mich irgendwie nicht als Drehbuchschreiber für Westernfilme in Hollywood, du vielleicht? Zum einen hasse ich Schusswaffen. Und zum anderen mag ich keine Pferde.»

Der Schriftsteller seufzte. «Und jetzt, Friedrich, würde ich gern ein wenig allein sein und trauern, wenn es dir nichts ausmacht.»

Er brachte Friedrich zur Wohnungstür.

«Erzähl niemandem etwas davon, was passiert ist», sagte er beim Verabschieden mit ernstem Gesicht. «Sprich mit niemandem. Das ist sicherer.»

«Ist gut», nickte Friedrich. Und dann ging er.

Siebenundzwanzigstes Kapitel

Junger Hase, 1933

Friedrich machte sich große Sorgen. Und der Grund dafür war nicht, dass er Erich Kästner schon einige Wochen lang nicht gesehen hatte. Soweit er wusste, befand sich der Schriftsteller in der Schweiz, und Friedrich hoffte um seinetwillen, dass er dort bleiben würde. Er machte sich auch keine Sorgen darüber, dass sein Lehrer Dr. Braun sich noch tyrannischer benahm als sonst oder dass sein eigener Bruder Rolf in die SS eingetreten war – so nannte sich die Schutzstaffel der Nazis in ihren schwarzen Uniformen, vor der sich alle Leute fürchteten, was Rolf sehr zu gefallen schien. Friedrich sorgte sich auch nicht darüber, dass Deutschland seine Absicht erklärt hatte, den Völkerbund zu verlassen – sein Vater meinte, der sei sowieso ein zahnloser Löwe, der immer mehr versprochen hatte, als er zu halten in der Lage gewesen war. Nein, was ihm wirklich Sorgen bereitete, war die Tatsache, dass die kirchlichen Pfadfinder, zu denen er und Albert gehörten, von der Hitlerjugend übernommen werden sollten.

Die HJ war eine Organisation, die seit 1922 existierte – es war eine paramilitärische Organisation für Jungen zwischen 14 und 18 Jahren. In vielerlei Hinsicht ähnelte sie den Pfadfindern, jedenfalls gab es auch bei der HJ Uniformen, und sie legten ebenso viel Wert auf Aktivitäten in der freien Natur wie die Pfadfinder. Doch es gab viele Menschen, wie zum Beispiel ihren Pastor, die fürchteten, die Nazis würden die HJ dazu benutzen, die Kirche zu bekämpfen und Religionsunterricht und Bibelstunden auszuspionieren.

Friedrichs Truppe traf sich immer in der St.-Matthäus-Kirche. Einige der Pfadfinderleiter waren gleichzeitig Kirchenälteste, und es kam oft vor, dass Friedrich dieselben Männer am Sonntag in Sonntagsanzügen und mit Bibeln unter dem Arm in der Kirche traf, mit denen er am Freitag zuvor noch in Pfadfinderuniform Knoten geübt hatte.

Als Pastor Bonhoeffer die Gemeinde verließ, um eine Pfarrstelle in England zu übernehmen, wusste niemand, ob er seine Stelle aus Protest gegen die Nazis aufgegeben hatte oder ob er einfach nur Ärger vermeiden wollte. Herr Kissel sagte, er hätte bleiben und versuchen sollen, «das Feuer zu löschen». Friedrich wusste nicht recht, was das bedeuten sollte, doch er hatte das starke Gefühl, dass die deutschen Kirchen in ebenso großer Gefahr waren wie die Pfadfinder.

Friedrich versuchte, sich von seinen Sorgen abzulenken, indem er sich auf die Schule konzentrierte, und schon bald stand er in allen Fächern auf «sehr gut». Doch er schien dafür einen hohen Preis zu zahlen: Eine neue Ernsthaftigkeit umgab ihn. Auch seiner Mutter fiel das auf.

«Was ist mit dir los, Friedrich?», fragte sie ihn eines Tages. «All deine Fröhlichkeit ist verschwunden. Wie kommt das?»

«Ich weiß es nicht, Mutter», antwortete Friedrich, der ihr

nichts vom Mord an Eduard Ehrlich erzählt hatte. «Ich schätze, es liegt bloß an den vielen Hausaufgaben.»

«Nun, vergiss bei allen Hausaufgaben nicht, ein Junge zu sein», sagte sie. «Wenn du größer bist, wirst du feststellen, dass es keinen Weg zurück gibt. Also beeil dich nicht ganz so mit dem Erwachsenwerden.»

Aber in Wahrheit hatte Friedrich bereits vergessen, wie es sich anfühlte, einfach ein Junge zu sein. Die Erfahrungen der letzten Zeit hatten ihm die Fröhlichkeit ausgetrieben. Was dazu führte, dass Dr. Braun ihn als einen seiner vielversprechendsten Schüler betrachtete und ihn sogar hin und wieder lobte, womit er einen sehr subtilen Druck auf Friedrich ausübte. Dr. Braun spürte, dass Friedrich einen unabhängigen Geist besaß. Er rechnete damit, dass er den Jungen am besten dazu bewegen konnte, sich anzupassen, indem er sich die Unterstützung von Friedrichs Klassenkameraden sicherte. Mit ihnen an seiner Seite, das wusste Dr. Braun, würde Friedrichs Unabhängigkeit nicht von Dauer sein.

In der Zwischenzeit fand der Tod von Eduard Ehrlich schließlich auch in den deutschen Zeitungen Erwähnung – allerdings wurde er als unglücklicher Todesfall bezeichnet, genau wie Kästner es vorausgesehen hatte. Nach den Worten der größten deutschen Zeitung, dem *Völkischen Beobachter*, hatte Ehrlich zum Mittagessen zu viel Wein getrunken, sei im Hotel Adlon die Treppe hinuntergefallen, dann mit einer Gehirnerschütterung in den nahe gelegenen Tiergarten gegangen und dort zusammengebrochen und gestorben. Seine Sicht auf Deutschland, die er in seiner Kunst ausgedrückt hätte, so hieß es weiter, strotze nur so vor Hässlichkeit und Verderbtheit.

Herrn Kissels Zeitung, das *BT*, das immer noch ohne redaktionelle Leitung war, berichtete nur, dass Ehrlich von seinen Freunden schwer vermisst würde und dass seine Arbeiten in England und Amerika immer höher geschätzt worden wären als in Deutschland. Was niemand abstreiten konnte.

Eines Oktobertages, als Friedrich von der Schule nach Hause kam, bemerkte er Licht in Kästners Wohnung und beschloss, bei ihm zu klingeln. Wie sich herausstellte, war der Schriftsteller erst vor wenigen Stunden von seiner Reise in die Schweiz und nach Italien zurückgekehrt. Er sah gebräunt und entspannt aus und erzählte Friedrich, dass er trotz allem froh war, wieder in Berlin zu sein.

«Nirgendwo ist es so wie hier», sagte er. «Auch wenn das Wetter zu kalt ist. Aber auch das gefällt mir. Ich habe gerade vor dem Feuer gesessen und gelesen.»

Natürlich wusste Kästner, dass Friedrich eine bestimmte Frage quälte, und schließlich beantwortete er sie, ohne dass Friedrich ihn darum bitten musste:

«Ja, ich habe die Geschichte über Eduard Ehrlich an die ausländische Presse weitergegeben. An die Londoner *Times*.»

«Die *Times*!», sagte Friedrich. «Das ist großartig.»

«Ich hätte dir den Artikel gern mitgebracht, aber ich habe es nicht gewagt, falls ich an der Grenze durchsucht würde. Die *Times* hat dem Tod unseres Freundes eine halbe Seite gewidmet und ihn als Mord dargestellt. Es hat einen ganz schönen Aufruhr deswegen gegeben, das kann ich dir sagen. Ich habe sogar gehört, dass Kommissar Finger entlassen wurde. Das ist natürlich bloß Theater. Aber es zeigt, dass die deutsche Regierung von der Welt da draußen immer noch beschämt werden kann, und das ist gut. Der internationale Druck wird entscheidend dabei sein, wie sich die Nazis von nun an verhalten.»

Friedrich nickte. «Ja, das ist gut.»

«Und auch wenn er es dir nicht selbst sagen kann, Friedrich», redete Kästner weiter, «so bedankt sich Eduard Ehrlich bei dir. Vom Grunde seines Herzens. Und ich bin sicher, er hätte dir gern etwas geschenkt, damit du dich an ihn erinnerst.» Kästner öffnete eine Schublade seiner großen Mahagoni-Kommode und reichte Friedrich eine Schwarzweißzeichnung. Sie war sehr modern, doch man konnte sehr gut einen Hasen darauf erkennen – einen Hasen mit gekräuselter Lippe, der ganz offenkundig seine Abscheu zeigte.

«Er hat es *Nach Dürer, 1933* genannt», sagte Kästner.

«Genau daran hat es mich gleich erinnert», sagte Friedrich und nahm die Zeichnung in die Hand. «An Albrecht Dürers Bild von einem jungen Hasen, wie das in meinem Zimmer. Aber ganz anders.» Er sah den Schriftsteller an. «Was bedeutet es?»

Kästner lachte. «Ehrlich hasste es, seine Bilder erklären zu müssen», sagte er. «Wenn er jetzt hier wäre, dann würde er deine Meinung von seinem Bild wissen wollen und nicht von seiner reden. Hier. Nimm es mit unter die Lampe und schau es dir noch mal ganz genau an.»

Friedrich trug das Bild vorsichtig zu Kästners Schreibtisch hinüber, setzte sich auf den Stuhl und untersuchte es dann im Lampenschein wie ein Experte. Kästner stellte sich neben ihn und wartete geduldig. Nach einer Weile sagte Friedrich: «Ich glaube, dass es die moderne Version eines berühmten deutschen Bildes sein soll. Aber das Datum hier, 1933, und dann der Gesichtsausdruck des Hasen ... hm ...»

«Sprich weiter.»

«Na, es sieht so aus, als würde sich der Hase vor irgendetwas ekeln. Ich weiß aber nicht, wovor ... Moment, könnte es vielleicht das Jahr sein? Ja, das ist es – der Hase mag das Jahr 1933 nicht.»

«Hervorragend», sagte Kästner und klopfte Friedrich anerkennend auf den Rücken. «Du wirst noch zu einem richtigen Kunstexperten.» Er lächelte. «Aber eine Sache hast du übersehen. Auf Dürers Bild steht das Datum, 1502, und darunter seine Initialen AD. Aber Ehrlich hat das Bild nicht signiert. Stattdessen hat er die Initialen AH daruntergesetzt.»

«Herrje, Sie haben recht», sagte Friedrich. «AH – wie Adolf Hitler.»

«Bitte versteck die Zeichnung irgendwo», riet Kästner. «Vielleicht ganz hinten in einer Schublade. Irgendwo, wo dein Bruder Rolf sie nicht findet. Nicht, dass er verstehen würde, was es bedeutet. Aber wir gehen lieber auf Nummer sicher, oder? Es ist ein bedeutendes Kunstwerk. Und vermutlich viel wert.»

«Ja, das tue ich. Ich weiß auch schon genau, wo: unter meinem Bett. Wo ich auch eine Ausgabe von *Emil und die Detektive* verstecke.»

Kästner nahm eine Zigarette aus einem Etui auf dem Schreibtisch und zündete sie an. Dann setzte er sich auf einen Stuhl Friedrich gegenüber. «Als Gegenleistung möchte ich dich um einen Gefallen bitten, Friedrich», sagte er und blies den Rauch aus.

«Gern.»

«Es wird dir aber nicht gefallen, was ich dir jetzt sage.»

«Hm. Jetzt klingen Sie beinahe wie mein Vater», meinte Friedrich.

«Ja. Und es tut mir leid. Aber es ist zu deinem eigenen Besten.»

«Das würde er auch sagen.»

«Kann ich dir erst einmal eine persönliche Frage stellen, Friedrich?», sagte Kästner.

«Natürlich.»

«Bist du jemand, der seine Versprechen hält?»

Friedrich sah den Schriftsteller ernst an. «Ja, das bin ich. Aber ich verspreche nur ungern etwas.»

«Warum denn? Manchmal ist es notwendig, nicht wahr?»

«Ich gebe nicht gern Versprechen, weil sie so schwer zu

halten sind und ich sie immer halte. Meine Mutter sagt, das liegt daran, dass ich alles immer so ernst nehme. Aber ich kann es nicht ändern. Und mein Vater sagt, es liegt daran, dass ich ein sehr deutscher Deutscher bin, was auch immer das heißt.»

«Dann möchte ich, dass du mir etwas versprichst. Etwas Wichtiges.»

«Ja, gut. Wenn Sie es wollen – wir sind ja schließlich Freunde, oder?»

«Ja, das sind wir.» Kästner nahm noch einen Zug von seiner Zigarette. «Ich möchte, dass du mir versprichst, dass du mit dem Detektivspielen aufhörst.»

«Was?»

«Dass du und deine Freunde niemals wieder im Tiergarten – oder irgendwo sonst in Berlin – nach einem Fall sucht. Dass du deine Lupe für immer fortlegst. Oder zumindest, bis du die Schule beendet hast. All diese Geschichten müssen sofort aufhören. Weil sie viel zu gefährlich werden. Es ist eine Sache, einen verlorenen Gegenstand zu finden, aber etwas ganz anderes, Beweise in einem Mordfall zu sammeln. Ein Mord, der von den Nazis begangen wurde. Ein Mord, über den du nie wieder sprechen darfst. Verstehst du das?»

Friedrich stand vom Schreibtisch auf und ging hinüber zum Fenster. Draußen war es dunkel und neblig – und fast genauso fühlte es sich gerade in seinem Kopf an. Er dachte eine lange Weile schweigend nach.

«Habe ich dein Versprechen?», fragte Kästner.

«Ja», antwortete Friedrich langsam und drehte sich zu seinem Freund um. «Ich verspreche es.»

Kästner nickte. «Um mir zu beweisen, dass du es ernst meinst, möchte ich, dass du mir die Lupe und alles, was in der Tasche war, zurückgibst. Wirst du das für mich tun?»

«Ja.» Friedrich nickte.

«Und noch etwas», sagte der Schriftsteller. Er drückte seine Zigarette in einem Messingaschenbecher aus und sah Friedrich an. «Du darfst von nun an nicht mehr herkommen. Ich glaube, diese Wohnung wird von der Gestapo ausspioniert. Es ist wahrscheinlich besser, wenn wir uns ab jetzt woanders treffen. Für deine Sicherheit, Friedrich. Und für die deines Vaters. Vergiss nicht, dass dein Vater ein Journalist bei einer Zeitung ist, die die Lizenz hat, die Nazipropaganda nicht abdrucken zu müssen – damit Goebbels vor der Welt behaupten kann, Deutschland hätte immer noch eine freie Presse. Aber diese Lizenz hat ihre Grenzen. Verstehst du? Wenn es auch nur den kleinsten Verdacht gibt, dass dein Vater dich dafür benutzt, geheime Nachrichten an mich weiterzuleiten, damit sie an die ausländische Presse gelangen, dann werden wir vielleicht alle verhaftet.»

Friedrich nickte. Ein Gefühl großer Trauer hatte von ihm Besitz ergriffen. Ihm war, als wäre ein Teil von ihm gestorben. Er wusste nicht, was es war, auch wenn Kästner es ihm hätte sagen können – schließlich war auch er einmal ein Junge gewesen. Und auch wenn es stimmte, dass Kästner keine andere Magie beherrschte als das Geschichtenerzählen, so besaß er doch eine ganz besondere Fähigkeit: nämlich den Jungen, der er einmal gewesen war, in dem Mann zu finden, der er jetzt war. Er verstand vollkommen, wie Friedrich sich gerade fühlte. Ein Teil seiner Unschuld war Friedrich genommen worden und würde nie zurückkehren.

«Wenn du in Zukunft mit mir sprechen möchtest – und ich hoffe, das willst du, denn ich kann es nicht gut verkraften, noch mehr Freunde zu verlieren –, dann malst du mit gelber Kreide unten einen Kreis neben die Haustür, bevor du zur Schule gehst. Bloß einen. Wenn ich den Kreis sehe, dann weiß ich, dass du mich sehen willst. Und wenn ich kann, werde ich dich finden.»

Friedrichs Augen füllten sich mit Tränen. Kästner stand auf und legte ihm tröstend eine Hand auf die Schulter. «Es tut mir leid, dass ich dir ein solches Versprechen abgerungen habe», sagte er.

Doch tief in seinem Inneren wusste Friedrich, dass Kästner recht hatte. Es war zu gefährlich geworden, Detektiv zu sein. Es war nur eine Frage der Zeit, bis er eine falsche Frage stellte und darauf die falsche Antwort bekam.

Achtundzwanzigstes Kapitel

Der Hitlerschwur

Sechs Wochen später sollte Friedrichs Pfadfindertruppe in der St.-Matthäus-Kirche in der Hitlerjugend aufgehen. Friedrich sah keine andere Möglichkeit, als der HJ beizutreten, auch wenn ihn der Gedanke beinahe krank machte. Alle Jungen hatten bereits neue Hitlerjugend-Uniformen bekommen, und die alten, verschlissenen Pfadfinderflaggen waren durch neue HJ-Fahnen ersetzt worden. Ihr Pfadfinderleiter Wendt hatte gekündigt, und ein Gruppenführer namens Huber würde ab jetzt für sie verantwortlich sein.

In ganz Deutschland gab es nun keine Pfadfinder mehr – die HJ war die einzige gesetzlich erlaubte Jugendorganisation. Jeder Pfadfinder sah sich deshalb vor eine harte Wahl gestellt: entweder der HJ beizutreten oder sich gegen die Mehrheit der Jugendlichen zu stellen und zu riskieren, von allen anderen geächtet zu werden. Mit schrecklichen Folgen.

Jeder Pfadfinder von St. Matthäus hatte die furchtbare Geschichte des fünfzehnjährigen Matthias Heck aus Lichterfelde gehört, der sich geweigert hatte, der HJ beizutreten. Mehrere Monate lang hatte keiner seiner ehemaligen Freunde mit ihm gesprochen, und in seiner Einsamkeit hatte sich Heck schließlich in die Havel gestürzt und war ertrunken.

Und dann gab es noch die Geschichte des vierzehnjährigen Franz Hörsch aus Neukölln, der in die Psychiatrie eingeliefert worden war, weil er seine HJ-Uniform mitsamt ein paar Fahnen und Zelten in Brand gesteckt hatte. Es hieß, er würde nie wieder aus der Psychiatrie entlassen werden.

Einige der mutigeren Jungs von St. Matthäus meinten, Goebbels und das Propagandaministerium würden sich solche Geschichten bestimmt bloß ausdenken, doch niemand traute sich deswegen, der HJ nicht beizutreten und diese Theorie unter Beweis zu stellen.

Und falls irgendein Junge noch Zweifel hegte, ob er zur HJ gehen sollte, gab es zusätzlichen Druck von Seiten der Lehrer. Einige Schuldirektoren erklärten, dass jeder, der der HJ nicht schnellstmöglich beitrat, die Schule verlassen müsse. Im Mommsen-Gymnasium sagte Dr. Braun der Klasse, jeder, der sich der HJ verweigere, sei ein Deutschlandverräter und verdiene keine Schulbildung. Bald darauf hieß es, dass Gymnasiasten, die nicht an den HJ-Treffen teilnahmen, kein Abitur ablegen durften. Im Deutschland des Jahres 1933 war es fast unmöglich, ein rebellischer Schüler zu sein.

Für die Mädchen galt das Gleiche. Der Bund Deutscher Mädel oder BDM war der weibliche Zweig der Hitlerjugend. Und Viktoria Knopp musste ihm auf Druck ihrer Mutter beitreten, die wie so viele Frauen eine große Bewunderin von Adolf Hitler war. Doktor hasste es jetzt schon.

«Als wären wir im vorigen Jahrhundert!», beschwerte sie sich bei Friedrich. «Wir dürfen nichts anderes tun als stricken und kochen und Kleider nähen und alberne Übungen mit Reifen und Medizinbällen machen. Wenn ich noch mal einen Reifen sehen muss, wird mir schlecht! Ich weiß auch wirklich nicht, was ich davon haben soll, wenn ich mit der Schule fertig bin. Es sei denn, ich will zum Zirkus gehen. Für Frauen ist dieses neue Deutschland auf jeden Fall schlechter als das alte. Ich will nach der Schule in Leipzig studieren, aber die Vorstellung, dass ein deutsches Mädchen studiert, finden diese Leute ja offenbar völlig abwegig!»

Natürlich gab es auch viele andere Jugendliche, die von der HJ begeistert waren. In den Ferienlagern sollte es jetzt weniger um Spiele gehen als um das Erlernen militärischer Fertigkeiten. Viele Jungen freuten sich darauf, mit echten Gewehren und echter Munition schießen zu dürfen. Es sollte auch eine Reise nach Nürnberg geben, wo die Nationalsozialisten eine Kundgebung planten. Es war schwer, sich nicht von den schicken Uniformen begeistern zu lassen; und dann gab es da noch den begehrten HJ-Dolch, in dessen Klinge die Worte *Blut und Ehre* eingeätzt waren. Friedrich wusste, dass es eine kleinere Version des SS-Dolches war, den sein Bruder besaß.

Friedrich wollte nicht in der HJ sein. Nach allem, was mit Eduard Ehrlich und Frau Weber und Leo und Herrn Robitschek passiert war – ganz zu schweigen vom Reichstagsbrand und von der Bücherverbrennung –, stieß ihn die Vorstellung ab, mit einem SS-Zeichen an der Schulter durch Berlin zu spazieren. Als wäre all das, was passiert war, vollkommen in Ordnung. Aber er wollte auch nicht aus der Schule geworfen werden und später nicht studieren können. Oder seine Freunde verlieren. Er erinnerte sich sehr gut daran, wie es bei Leo Hertz gewesen war. Für einige der Jungen in der Klasse schien Leo nie existiert zu haben.

Friedrich stellte fest, dass auf die Schüler des Gymnasiums noch mehr Druck ausgeübt wurde, der HJ beizutreten, als auf alle anderen. Denn man glaubte, dass kluge junge Menschen wie Friedrich die anderen führen könnten. Dr. Braun appellierte sogar an seinen Patriotismus und meinte, es wäre Friedrichs Pflicht, dabei mitzuhelfen, Deutschland zu einem besseren Land zu machen. Denn genau das, sagte Dr. Braun, sei Adolf Hitlers Ziel.

Friedrich glaubte natürlich an Deutschland, und so langsam akzeptierte er die Vorstellung, dass er seiner Heimat etwas schuldete. Dass es etwas bedeuten müsste, ein Landsmann von Beethoven und Bach, Goethe und Händel, Martin Luther und Immanuel Kant, Bismarck und Gutenberg zu sein. Auch konnte er die wachsende Begeisterung der Menschen um ihn herum für Deutschland und seine Zukunft nur schwer ignorieren. Manchmal schien es, als brenne die gesamte deutsche Jugend für Adolf Hitler.

Friedrich besprach seine Entscheidung mit seinen Eltern. Auch sie wollten nicht, dass er sich der Möglichkeit beraubte, später zu studieren – mittlerweile wollte er Arzt werden –, und so waren sie schließlich einverstanden, dass er der HJ beitrat.

Es schien keine andere Wahl zu geben.

Und so stand Friedrich Kissel eines Mittwochabends im November 1933 – die Mittwochabende gehörten jetzt der HJ – mit neunzehn anderen Rekruten zusammen, hielt mit der linken Hand die Fahne der Hitlerjugend, hob drei Finger der rechten Hand zum Himmel und sprach mit ernster Miene den HJ-Eid.

Die ganze Zeremonie war dem Pfadfinderschwur nachempfunden, allerdings mit einigen entscheidenden Änderungen, sodass Friedrich die Worte beinahe im Halse stecken blieben:

«Ich verspreche, in der Hitlerjugend allzeit meine Pflicht zu tun in Liebe und Treue zum Führer und unserer Fahne. So wahr mir Gott helfe.»

Danach sang die ganze Truppe das Lied der Hitlerjugend: «Vorwärts! Vorwärts! Schmettern die hellen Fanfaren! ...»

Baldur von Schirach, der Reichsjugendführer, war ein raffinierter, vorausdenkender Mann, der sich die Worte des HJ-Schwures klug überlegt hatte. Er hatte gewusst, dass ein ernstes Versprechen gegenüber Gott einen großen Eindruck auf einen jungen, beeinflussbaren Geist machen musste. Und so erging es auch Friedrich.

Sobald die Worte des Schwures aus seinem Mund waren, hatte Friedrich das Gefühl, als hätte sich etwas in ihm verän-

dert. Er hatte den Eindruck, als wäre seine Kindheit schlagartig zu Ende gegangen, und einen Augenblick lang wurde ihm schlecht. Es war nicht bloß die bevorstehende Mutprobe, die seinen Schwur mit einer männlichen Tat zementieren sollte. Er merkte auch, dass ein Versprechen vor Gott etwas sehr Ernstes war. Es war ein Versprechen, das man nicht mehr zurücknehmen konnte.

Nach der Beitrittszeremonie fuhr Friedrich mit der S-Bahn direkt nach Hause und dachte lange darüber nach, was in der Kirche geschehen war. Er wäre gern zu Herrn Kästner gegangen und hätte mit ihm darüber gesprochen, doch er tat es nicht, denn auch dem Schriftsteller hatte er ein Versprechen gegeben. Er überlegte, ob er neben die Tür einen gelben Kreidekreis malen sollte, doch dann hätte er bis zum nächsten Tag warten müssen, um seinen Freund zu treffen, und das war zu lange. Bereits jetzt brach Friedrich der kalte Schweiß aus. Er fühlte sich unruhig und krank, hatte Kopfschmerzen und war benommen. Beinahe so, als hätte man ihn betäubt, so wie Emil im Zug nach Berlin.

Zu Hause merkte Friedrichs Mutter gleich, dass er Fieber hatte. Sein Gesicht war gerötet, und der Schweiß stand ihm auf der Stirn. Sie schickte ihn sofort ins Bett, schürte das Feuer im Kohleofen in seinem Zimmer an, maß Fieber und verordnete ihm warmes Bier und viel Schlaf. Ohne Widerrede.

Zögernd trank Friedrich das heiße, säuerliche Gebräu und legte sich dann zurück in die Kissen. In seinem fiebrigen Zustand glaubte er, ganz woanders zu sein, und sah Dinge, die nur er sehen konnte. Er halluzinierte. Doch es liegt in der

Natur der Halluzinationen, dass sie der halluzinierenden Person sehr lebendig erscheinen – manchmal lebendiger als die Wirklichkeit.

Und so erging es auch Friedrich.

Neunundzwanzigstes Kapitel

Ein wilder Traum

Eine ganze Weile meinte Friedrich, vor dem brennenden Deutschen Reichstag zu stehen. Um das brennende Gebäude herum standen mehrere hundert Braunhemden – darunter auch Friedrichs Bruder Rolf –, die keineswegs versuchten, das Feuer zu löschen, sondern stattdessen Bücher in die Flammen warfen und dabei Nazilieder sangen, als wären sie am Lagerfeuer. Friedrich konnte im Traum sowohl den Rauch als auch den biergeschwängerten Atem der Männer riechen. Nach einer Weile blickte Friedrich sich um und erkannte noch andere Personen, die wie er Zeugen der Geschehnisse waren: seine Lehrerin Frau Weber, Leo Hertz, Erich Kästner sowie Herrn Robitschek aus dem Kabarett der Komiker.

«Du meine Güte, ich hatte ja keine Ahnung, was das hier für eine schlechte Gegend ist», sagte Herr Robitschek. «Seht doch bloß, was sie mit den Büchern machen. Hoffentlich ist es dieses Buch, das Hitler geschrieben hat. Wie heißt es noch gleich? Mein Krampf. Mein Krach. Mein Dampf. Irgendwas Unangenehmes jedenfalls. Tu der Welt einen Gefallen, Adolf, und wirf es ins Feuer. Ich habe gerade erst mein erstes Buch beendet, weißt du? Und jetzt werde ich ein zweites lesen.»

Kurz darauf fuhr ein weißer Hispano-Suiza vor und ließ seine Hupe ertönen; Herr Ehrlich saß in seinem weißen Anzug am Steuer und winkte Friedrich heran.

«Beeil dich!», rief er. «Sonst verpasst du noch den Zug!»

Friedrich sprang auf den Beifahrersitz, und schon fuhren sie im rasenden Tempo durch Berlin zum Bahnhof.

«Wo fahre ich denn hin?», fragte Friedrich atemlos.

«Du nimmst den Zug von Berlin nach Neustadt», erklärte Kästner, der auf einmal auf dem Rücksitz saß. Er reichte Friedrich eine Fahrkarte und einen Umschlag. «Und hier ist etwas Geld, das du deiner Großmutter geben sollst, wenn du ankommst. Es sind 140 Mark, eine Menge Geld. Also verlier es bitte nicht.»

«Vielleicht sollte ich den Umschlag mit einer Sicherheitsnadel in meiner Jacke befestigen», sagte Friedrich. «Dann kann er nicht rausfallen. Genau wie in Ihrem Buch.»

«Das ist eine großartige Idee», meinte Kästner.

«Es gibt nur ein Problem», sagte Friedrich. «Ich habe gar keine Großmutter in Neustadt.»

«Das ist bloß ein unwichtiges Detail», sagte Ehrlich. «Das Wichtige ist doch, was du gerade fühlst. Also, was fühlst du?»

Friedrich dachte nach. Eine Sekunde später hielten sie vor dem Hauptbahnhof. Er sagte: «Ich fühle, dass ich gleich in einen Zug steige, mit dem ich schon ganz oft gereist bin, jedenfalls in meiner Phantasie.»

«Sprich weiter», sagte Kästner. «Du bist auf der richtigen Spur.»

«Das ist derselbe Zug wie in Ihrem Buch, oder?»

«So langsam verstehst du, worum es geht.»

«Es ist Emil Tischbeins Zug», sagte Friedrich. «Der Zug, in dem er von dem bösen Max Grundeis betäubt und ausgeraubt wurde.»

«Sei vorsichtig», mahnte Ehrlich. «Du darfst niemandem vertrauen.»

«Er hat recht», sagte Kästner. «Ich bin hier, um dich daran zu erinnern, was alles passieren kann, wenn du im Zug einschläfst. Natürlich ist es gut, nur das Beste von anderen Leuten zu denken, solange man keinen anderen Grund hat. Aber selbst ein guter Mensch kann der Verführung erliegen. Das ist bloß menschlich.»

Der Zug nach Neustadt fuhr langsam in den Bahnhof ein. Er stieß Dampf aus wie ein riesiger Drache. Friedrich winkte seinen beiden Freunden im Hispano-Suiza zum Abschied, kletterte in einen Waggon und fand ein Abteil, in dem ein Junge am schmierigen Fenster saß. Er sah genauso aus wie der junge Schauspieler Rolf Wenkhaus und trug eine blaue Jacke mit Aufschlägen, die so breit waren wie Papierdrachen. Er ähnelte Emil Tischbein mehr als im Film. Seine Haare sahen aus wie reines Gold, und seine Augen glänzten wie Saphire.

Als Friedrich sich setzte, erkannte Rolf ihn sofort. Er lächelte und sagte: «Hallo, Fritz, fährst du nach Neustadt?»

«Ich glaube schon», sagte Friedrich. «Ich besuche meine Großmutter, obwohl sie eigentlich in Berlin wohnt. Daher macht es eigentlich gar keinen Sinn, dass ich in diesem Zug sitze. Eine ganze Menge Dinge ergeben keinen Sinn. Aber es ist trotzdem schön, dich zu sehen, Rolf.»

«Du kannst mich ruhig Emil nennen. Immerhin ist das hier dein Traum, nicht meiner.»

«Na gut, Emil.»

Der Zug fuhr an. Er bewegte sich erst langsam, dann immer schneller in Richtung Westen.

«Neustadt wird dir gefallen», sagte Emil. «Da passiert nie was. Nicht so wie in Berlin. Aber manchmal ist genau das das Beste. Das wissen nur zu wenige.»

«Ja, ich glaube, das stimmt.» Friedrich nickte. «Die Erfahrung habe ich auch gemacht.»

Friedrich bot Emil eins von den Würstchen an, die sich, in Butterbrotpapier gewickelt, in seiner Tasche befanden.

«Danke. Davon nehm ich gern ein Stück. Ich liebe Würstchen.»

«Ja, ich weiß, das hast du mir erzählt. Bei der Filmpremiere, erinnerst du dich?»

Emil biss ein großes Stück Wurst ab und kaute. Er brauchte eine ganze Weile dafür, sodass Friedrich in der Zwischenzeit die einzige andere Person im Abteil betrachten konnte – es war ein Mann, der eine Zeitung las. Nur seine Beine, seine Hände und seine Stirn waren zu sehen. Es war genau wie in seinem Lieblingsbuch, und Friedrich erkannte, dass der Mann dort in der Ecke Max Grundeis sein musste, der Dieb, der in der Geschichte Emils Geld stiehlt.

Sie würden sehr vorsichtig sein müssen. Doch Friedrich war sicher, dass keiner von ihnen beraubt werden würde. Immerhin waren sie in der Mehrzahl, dachte er.

Nachdem er die Anwesenheit des finsteren Mannes registriert hatte, sah sich Friedrich um und stellte fest, dass es tatsächlich so war, als säße er neben Emil Tischbein. Friedrich hörte die Räder des Zuges auf den Gleisen und roch den Dampf der Lokomotive. Durch das Fenster sah er Kühe auf den Weiden und Bauern, die Heu wendeten. Hier und da winkten ihm Leute zu, und einmal winkte er sogar zurück. Im Abteil war es sehr warm, und die rhythmische Bewegung des Zuges war beruhigend. Er hätte leicht einschlafen können, doch mit einem Mann wie Grundeis in der Nähe war Vorsicht geboten. Friedrich hörte sogar das leise Rascheln von Grundeis' Zeitung, die sich in seinen diebischen Händen bewegte. Friedrichs fiebriger Geist bemerkte jedes kleinste Detail ganz genau, und sicherlich war das Fieber eine Ursache für das, was nun geschah. Vielleicht wurde Friedrichs Phantasie durch das Fieber aber auch einfach nur aus ihrem Gefängnis befreit, in das sie sonst eingesperrt war. Und wenn es eine Sache gibt, die junge Menschen öfter tun sollten, dann ist es, ihrer Phantasie freien Lauf zu lassen, denn die Phantasie kann einen überall hinbringen.

«Also, warum bist du hier?», fragte Emil. «Ich meine, ganz offensichtlich brauchst du meinen Rat. Und es muss etwas sehr Wichtiges sein, so eilig, wie du auf den Zug aufgesprungen bist.»

«Ich bin an einem schwierigen Punkt in meinem Leben angelangt», sagte Friedrich.

«Ja, das stimmt», sagte der Mann hinter der Zeitung und lachte grausam.

«Ich weiß nicht, was ich tun soll», sprach Friedrich weiter, ohne den Mann zu beachten. «Ich gehe auf eine gute Schule. In Berlin. Das sagt jeder. Aber ich habe trotzdem nichts gelernt, was mich auf das hier vorbereitet hätte. Du bist der Einzige, an den ich mich wenden kann, Emil.»

«Meine Mutter sagt, man lernt niemals aus, Fritz. Sie sagt, das Leben erteilt einem eine Lektion nach der anderen, auch richtig schwierige, und oft kommt die größte Lektion als Letztes. Ich schätze, was Kästner mit seinem Buch sagen wollte, ist: Wenn wir Glück haben, dann lernen wir von den schwierigen Prüfungen am meisten. Aber vielleicht solltest du mir deine Lage genauer erklären.»

«Du kannst es ja versuchen, junger Mann», sagte der Mann hinter der Zeitung. «Aber bisher ist alles sehr verwirrend. Und typisch für die heutige Jugend. Sie weiß einfach nicht, was sie will. Sie weiß überhaupt nichts.»

Wieder versuchte Friedrich, den Mann hinter der Zeitung gar nicht zu beachten. Er las das *BT*. Der Mann war vielleicht unhöflich, aber er hatte zumindest Geschmack, was Zeitungen anging.

«Ja, also», begann Friedrich, «ich will es so einfach und deutlich sagen wie möglich, Emil. Mein Problem ist folgendes: Ich habe vor kurzem feierlich und vor Gott geschworen, einem Mann zu gehorchen, von dem ich glaube, dass er ein schlechter Mensch ist.»

«Das ist ein interessantes Problem», sagte Emil. «Da steckst du ganz schön in der Klemme.»

«Und es ist nicht bloß irgendein Mann», fügte Friedrich hinzu, «sondern der Führer meines Landes.»

«Ich verstehe.»

«Meine Frage lautet nun: Wie kann ich meinen Schwur halten, dem Führer meines Landes zu gehorchen, und mir gleichzeitig selbst treu bleiben? Wie kann ich das eine tun und mich dann immer noch im Spiegel anschauen?»

«Vielleicht solltest du Spiegel überhaupt meiden, bei deinem Gesicht», sagte der Mann hinter der Zeitung. «Findest du nicht auch?»

Friedrich sah Emil an, doch der zuckte bloß mit den Schultern. «Hör gar nicht auf ihn», sagte Emil.

Während der Zug mit voller Geschwindigkeit durch die deutsche Landschaft raste, legte der Mann seine Zeitung nieder und gab den beiden Jungen sein Gesicht preis. Es war kein gewöhnlicher Zugreisender. Der Mann hatte einen kleinen Bart, ähnlich wie der Kopf einer Zahnbürste, dunkelbraune Haare, die ihm über die Stirn fielen, und stechend blaue Augen und sah überhaupt mehr wie Adolf Hitler aus als wie Max Grundeis. Er trug ein braunes Hemd und eine Krawatte, und um seinen Oberarm lag eine SS-Manschette, sodass Friedrich in seinem Traum keinen Zweifel mehr hatte: Er war es. Es war Adolf Hitler.

«Wenn ich eure Unterhaltung unterbrechen darf», sagte Hitler. «Meiner Meinung nach werden die ganze Zeit Schwü-

re und Versprechen gebrochen, Friedrich. Da würde ich mir an deiner Stelle nicht so viele Sorgen machen. Wenn es anders wäre, könnte die Welt nicht existieren.»

«Aber wenn man etwas verspricht, obwohl man weiß, dass man es nicht halten kann», sagte Friedrich, «ist es dann nicht eine Lüge?»

«Vielleicht», gab Hitler zu. «Aber ohne ein paar kleine Lügen würde nichts funktionieren. Ich habe mein Wort schon bei vielen Gelegenheiten gebrochen. Männer wie ich dürfen da nicht kleinlich sein. Nicht heutzutage. Manchmal verlangt das Schicksal eben solche Sachen von Anführern. Aber du bist bloß ein Junge. Du solltest dich darauf verlassen, dass ich es besser weiß als du. Die Menschen in Deutschland haben mir ihr heiliges Versprechen gegeben, und das solltest du auch tun, Friedrich. Du hast einen feierlichen Eid geleistet, und jetzt musst du ihn auch halten. Das ist alles, was es dazu zu sagen gibt.»

«Schade, dass Herr Kästner nicht hier ist», meinte Emil. «Ich bin sicher, dass er deine Fragen viel besser beantworten könnte als ich.»

«Ich habe sie doch gerade beantwortet», sagte Hitler ärgerlich. «Hör auf mich, und beachte diesen dummen Jungen gar nicht, Friedrich. Es geht hier nur um dich. Es ist dein Deutschland, das ich gerade aufbaue. Wodurch dein Schwur einen Sinn bekommt. Ich kann ohne deine Hilfe kein Deutschland aufbauen, das tausend Jahre Bestand hat, Junge. Wir werden nichts erreichen, wenn jeder meint, er könnte einfach das tun, was er will. Das ist doch wohl klar.»

«Wenn Herr Kästner hier wäre», redete Emil weiter, «dann

würde er bestimmt sagen, du solltest grundsätzlich schon deine Versprechen halten, besonders gegenüber deinem Landesführer. Absolut. Aber dass dein Versprechen nur so lange gilt, wie der Führer seins hält. Wenn er sein eigenes Versprechen bricht, dann gilt deines auch nicht mehr. Und wenn man bedenkt, wie du ihn beschrieben hast und was Herr Hitler gerade gesagt hat, dann ist das nur zu wahrscheinlich.»

«Was für ein Unsinn!», sagte Hitler. «Hör nicht auf ihn, Friedrich. Ich, Adolf Hitler, weiß es besser. Besser als du und ganz Deutschland. Vertrau mir und nicht diesem Jungen. Oder seinem Erfinder. Ich bin die Zukunft, nicht dieser Erich Kästner.»

«Darf ich Sie was fragen?», sagte Friedrich.

«Natürlich.»

«Haben Sie den Reichstag angezündet?»

«Natürlich nicht. Das waren die Kommunisten. Das sagt doch jeder. Und bevor du weiterfragst: Wir haben diese Bücher verbrannt, weil sie verbrannt werden mussten. Das war ein symbolischer Akt der Erneuerung, das ist alles. Erneuerung und Wiedergeburt. Du brauchtest das alles nicht ganz so wörtlich zu nehmen. Es waren ja nicht die letzten Exemplare auf der Welt.»

«Und was ist mit den Juden?», fragte Friedrich. «Warum hassen Sie sie so?»

«Ich hasse sie überhaupt nicht», behauptete Hitler. «Eigentlich will ich sie bloß vor den Deutschen beschützen, die sie hassen. Warum auch immer. Es ist einfach schlecht für die öffentliche Ordnung.»

«Er lügt», sagte Emil.

«Woher weißt du das?», fragte Friedrich.

«Der lügt, wenn er nur den Mund aufmacht.»

Friedrich grinste.

«Meiner Meinung nach ist jeder Führer verpflichtet, sich für das Gute einzusetzen» fuhr Emil fort. «Dafür, dass es der gesamten Bevölkerung eines Landes gutgeht, nicht bloß der Mehrheit. Und wenn es so aussieht, als ob genau das gerade passiert, dann brauchst du deinen Schwur auch nicht mehr zu halten, finde ich.»

«Unsinn», schnaubte Hitler. «Das ist doch genau das Problem in Deutschland. Es gibt viel zu viele Leute mit einer anderen Meinung darüber, was gut für das Land ist.»

«Es dauert vielleicht eine Weile, bis du die Dinge klarer siehst als jetzt», sprach Emil weiter. «Aber eines Tages wirst du es sehen. Ganz bestimmt.»

Friedrich stieß die Luft aus und wischte sich über seine schweißbedeckte Stirn. Oder war es seine Mutter zu Hause, die ihm die Stirn abtupfte?

«Danke, Emil», sagte er. «Danke, dass du mir zugehört hast.»

«Ich habe dir nur gesagt, was du schon wusstest», meinte Emil. «Was du schon immer gewusst hast. Du bist Detektiv, weil du an die Gerechtigkeit glaubst und daran, Gutes zu tun. Du bist Detektiv, weil du Menschen helfen willst und nicht über sie bestimmen, bloß weil du zu einer sogenannten Herrenrasse gehörst.»

«Vollkommener Unsinn», schnaubte Hitler.

«Natürlich weiß ich nicht, woran du dich noch erinnerst, wenn dein Fieber erst mal weg ist», sagte Emil. «Aber wenn du deinen Weg nicht verlieren willst, musst du dir vor allem drei Dinge merken, Friedrich. Erstens: Sei immer freundlich. Zweitens: Sei immer freundlich. Und drittens: Sei immer freundlich. So einfach ist das.»

«Blödsinn!», sagte Hitler. «Kindischer Blödsinn. Freundlichkeit wird Deutschland nicht stark machen. Disziplin ist es, die jetzt notwendig ist. Disziplin und Gehorsam. Das ist deine Pflicht, Friedrich Kissel. Deine Pflicht mir gegenüber!»

«Kindisch?», sagte Emil. «Vielleicht. Aber selbst ein Kind versteht die Bedeutung von Freundlichkeit. Vielleicht vor allem ein Kind. Richte deinen Blick immer auf das Licht, Friedrich. Dort werden wir alle ein besseres Morgen finden. Nicht bloß die Deutschen, sondern jeder.»

«Morgen?», sagte Hitler. «Das Morgen gehört mir, Junge. Du wirst schon sehen. Deutschland ist jetzt mein!»

In diesem Moment fuhr der Zug in einen Tunnel, und in der Dunkelheit hörten sie Hitlers harsche Stimme, die über Deutschland und sein Schicksal schnarrte. Doch als der Zug wieder aus dem Tunnel herausschoss, flutete heller Sonnenschein in den Waggon, und Hitler war verschwunden, wie ein Wesen der Finsternis, das vom hellen Licht verscheucht worden war. Und Friedrich blinzelte nicht oder sah weg, denn jetzt verstand er, dass im Licht die wahre Zukunft lag. Er musste den Blick immer auf das Licht richten und es nie aus den Augen verlieren. Eines Tages würde alles wieder besser sein. Selbst wenn es schreckliche Menschen wie Hitler gab, die alles verändern wollten und die versuchten, die Zeit dorthin zurückzudrehen, als die Welt noch grausam und primitiv war, die ein neues dunkles Zeitalter heraufbeschworen. Alles, was er, Friedrich Kissel, tun musste, war, freundlich zu sein.

Wenn ihm das gelang, würden sie niemals gewinnen.

Friedrich schloss die Augen und fiel, eingelullt vom beruhigenden Rattern des Zuges, in einen tiefen und erholsamen Schlaf.

Epilog

(Berlin 1945)

Erich Kästner hatte eigentlich die Nische in der Kapellenmauer auf dem Wilmersdorfer Friedhof für seine eigene Asche reserviert. Aber da er Berlin jetzt verlassen würde, brauchte er sie nicht mehr. Darum hatte er Rolf den Urnenplatz mit der Asche von Friedrich Kissel darin übertragen. Friedrich war im letzten Oktober an der Westfront getötet worden. Auch seine Eltern lebten nicht mehr, sie waren 1944 im Bombenhagel gestorben, der auch Kästners Haus zerstört hatte. Wo Herr und Frau Kissel begraben lagen, wusste er nicht. Vermutlich lagen sie immer noch unter den Tonnen von Schutt und Geröll.

Soweit er wusste, war Rolf der einzige Überlebende aus Friedrichs Familie, obwohl er selbst einige schreckliche Schlachten an der Ostfront miterlebt hatte. Rolf sah aus wie ein echter Kriegsveteran. Er hatte in der Schlacht um Kursk einen Arm verloren und dafür das Eiserne Kreuz verliehen bekommen. Rolf sagte, er hätte lieber einen Arm bekommen und sein Eisernes Kreuz verloren. Er hatte sich in vieler Hinsicht sehr verändert, war nicht mehr der fanatische Nazi, der er einmal gewesen war. Kästner nahm an, dass Friedrichs Bruder mittlerweile etwa dreißig Jahre alt war, doch er wirkte wie ein Mann von beinahe fünfzig. 1945 gab es viele Männer in Deutschland, die vorzeitig gealtert waren. Doch zumindest waren sie noch am Leben. Kästner berührte den Stein an der Wand, Friedrichs Stein, und dann den daneben.

«Kannten Sie ihn auch?», fragte Rolf. «Den anderen da neben Fritz, Eduard Ehrlich? Er ist 1933 gestorben.»

«Ja», sagte Kästner. «Eduard Ehrlich war ein ziemlich berühmter Maler und ein guter Freund von mir. Ein Jude und zufällig auch ein Freund von deinem Bruder.»

«Jeder mochte Fritz», sagte Rolf. «Außer mir. Ich bin lange ziemlich scheußlich zu ihm gewesen. Ein echtes Schwein, wissen Sie?» Nach einer Weile fügte er hinzu: «Jetzt tut es mir leid. Ich wünschte, er wäre hier, damit ich ihm sagen kann, wie sehr es mir leidtut.»

«Das weiß er», sagte Kästner freundlich.

«Es tut mir auch so leid, was mit all den Juden passiert ist. Und auch, was wir mit Ihrem Buch gemacht haben, mit *Emil und die Detektive*. Ich habe Fritz selbst dazu gezwungen, es abzugeben. All diesen Wahnsinn bereue ich jetzt. Ich bereue ihn sehr.»

«Genau das war es, Rolf. Wahnsinn. Manchmal werden Menschen verrückt. Das weiß jeder. Aber manchmal wird eben auch ein ganzes Land verrückt. Deutschland war fünfzehn Jahre lang wahnsinnig. Und jetzt kehrt langsam wieder der Verstand zurück. Du wirst sehen. Eines Tages werden wir uns sogar wieder im Spiegel ansehen können.»

«Ich hoffe es. Wirklich.»

Rolf begann zu weinen. Nach einer Weile legte Kästner ihm die Hand auf die Schulter und drückte sie, denn trotz der

Narbe konnte er Friedrichs Züge in Rolfs Gesicht erkennen. Die Ähnlichkeit war deutlich.

Rolf wischte sich über die blauen Augen und zwang sich zu einem Lächeln. «Tut mir leid. Ich weiß auch nicht, warum, aber in letzter Zeit muss ich ständig weinen. Und das ohne jeden Grund.»

«Das ist ganz in Ordnung. Und die Zerstörung eines gesamten Kontinents samt mehrerer Millionen von Menschen darauf ist ein ziemlich guter Grund zu weinen, findest du nicht?»

«Ja, vermutlich schon.»

«Es war die Liebe zu Büchern, die Friedrich und mich miteinander verband», erklärte Kästner. «Sie hat uns zu Freunden gemacht.»

«Ich hab nie viel gelesen», gestand Rolf.

«Als Friedrich so etwa dreizehn oder vierzehn Jahre alt war, hatte er mein Buch mindestens zwanzigmal gelesen», sagte Kästner.

«Ja, so war Fritz», sagte Rolf. «Immer hatte er die Nase in einem Buch.»

«Eine Zeitlang haben wir uns aus den Augen verloren, nachdem er in die Hitlerjugend eingetreten war. Er hat mich gemieden. Ich glaube, er wollte nicht, dass ich ihn in Uniform sehe. Was nur verständlich ist. 1940 begegneten wir uns auf dem Kurfürstendamm. Da trug er schon Militäruniform. Er war Offizier. Und ein sehr intelligenter junger Mann. Unsere Freundschaft lebte wieder auf, und über die nächsten drei Jahre schrieb er mir mehrere wunderbare Briefe, in denen er mir von seinem Leben und seinen Wünschen für die Zukunft erzählte. Ich halte sie immer in Ehren. Trotz allem, was in Deutschland geschah, war er voller Freundlichkeit und Hoffnung auf das Gute, das nach dem Krieg passieren würde.»

«Er war nie ein Nazi», sagte Rolf. «Nicht so wie ich. Er hatte immer ein gutes Herz. Irgendwie schaffte er es, rein zu bleiben. Was auch geschah, er glaubte immer an ein besseres Morgen. Ich habe keine Ahnung, wie er das gemacht hat – Sie?»

Kästner schüttelte den Kopf. «Nein, aber es überrascht mich nicht. Jedenfalls bekam ich auf einmal keine Briefe mehr. Und dann traf ich dich und erfuhr, dass er im letzten Oktober gefallen ist.»

«Ja. Glücklicherweise waren meine Eltern da schon nicht mehr am Leben und mussten es nicht erfahren.»

«Ich weiß immer noch nicht, wo genau Fritz gefallen ist.»

«Bei der Schlacht im Hürtgenwald», erklärte Rolf. «Das ist an der deutsch-belgischen Grenze. Fritz' Einheit, die 116. Panzerdivision, wurde von der US-Armee eingekesselt. Das ist alles, was ich weiß. Nicht viel, oder?»

«Nein. Aber er ist tot, und mehr müssen wir nicht wissen, nehme ich an.»

«Ich wünschte, ich wäre an seiner Stelle gefallen», sagte Rolf.

«So etwas solltest du nicht denken. Du kannst dafür jetzt deinen Beitrag leisten. Genau das würde Friedrich dir auch sagen, wenn er jetzt hier wäre.»

«Zumindest haben sie ihn nach Hause geschickt», sagte Rolf. «Viele von denen wurden einfach da begraben.» Rolf schluckte. «Mein armer kleiner Bruder – er war erst vierundzwanzig Jahre alt.»

«Das ist wirklich noch sehr jung. Aber so sind Kriege. Sie nehmen uns die Besten. Wie Friedrich.»

Rolf berührte vorsichtig die Tafel, auf der Friedrichs Name stand. «Was soll eigentlich diese Lupe in der kleinen Vase? Ich verstehe die Bedeutung nicht ganz. Es hat etwas mit Ihrem Buch zu tun, oder, Herr Kästner? Mit *Emil und die Detektive?*»

«Ja, so könnte man es sagen.»

«Das Buch habe ich leider auch nie gelesen.»

«Das macht nichts, Rolf.»

«Aber wie ich schon sagte, bestimmt wird jemand sie stehlen. Es ist eine gute Lupe.»

«Das ist nicht wichtig», sagte Kästner. «Wichtig ist, dass ich Friedrich Ehre erweise, bevor ich die Stadt verlasse. Das ist meine Art, mich von ihm zu verabschieden. Um daran zu erinnern, dass dein Bruder als Junge ein großer Detektiv gewesen ist – ein sehr großer Detektiv.»

Rolf lächelte. «Friedrich, der Große Detektiv. Das gefällt mir.»

«Mir auch», lächelte der Schriftsteller.

Nachwort des Autors

Emil und die Detektive ist eines der erfolgreichsten deutschen Kinderbücher. Es erschien 1929 und wurde mehrfach verfilmt. Die Fortsetzung, *Emil und die drei Zwillinge*, die 1934 erschien, wurde aus naheliegenden Gründen nicht ganz so erfolgreich. Kästner blieb den Großteil des Krieges in Berlin, zog danach aber nach München und nahm dort seine Arbeit als Journalist wieder auf. 1960 erhielt er den angesehenen Hans Christian Andersen Preis für seine Autobiographie *Als ich ein kleiner Junge war*. Er wurde für *Emil* und seine anderen Kinderbücher mehrfach ausgezeichnet und starb 1974 in München.

Walter Trier, von dem die Illustrationen für *Emil und die Detektive* stammten, verließ Deutschland in 1934 und kehrte nie zurück. Er lebte in Kanada, wo er 1951 starb.

Die Hitlerjugend

Ende 1933 hatten 2,3 Millionen junge Deutsche denselben Schwur wie Friedrich Kissel geleistet und waren der Hitlerjugend beigetreten. Es war genau das, was der Schriftsteller Erich Kästner immer befürchtet hatte: dass die Nazis nicht bloß Deutschland in Beschlag nahmen, sondern auch 2,3 Millionen junger Köpfe. Diese 2,3 Millionen Jungen von 1933, die durch sechs Jahre Hitlerjugend eine Art Hirnwäsche erhalten hatten, kämpften bis zum letzten Tag für Hitler. Man schätzt, dass im Zweiten Weltkrieg zwischen vier und fünf Millionen deutsche Soldaten getötet wurden.

Rolf Wenkhaus, der 1931 den Emil Tischbein im Film von Gerhard Lamprecht verkörpert, spielte auch die Hauptrolle in *S. A. Mann Brand*, einem Film über die Hitlerjugend. Zu Ausbruch des Krieges meldete er sich bei der deutschen Luftwaffe und wurde beim Bombardement von Irland im Januar 1942 mit erst 24 Jahren getötet.

Hans Joachim Schaufuß, der im Film den Gustav spielt, fiel 1941 mit 22 Jahren an der Ostfront.

Hans-Albrecht Löhr, der Darsteller des kleinen Dienstag, wurde 1941 mit 21 Jahren in der Sowjetunion getötet.

Billy Wilder, der das Drehbuch zu *Emil und die Detektive* schrieb, floh 1933 aus Berlin, weil er Jude war, und zog nach Hollywood, wo er zu einem der größten Filmregisseure wurde. Er starb 2002.

Das KadeKo – das Kabarett der Komiker – wurde 1944 geschlossen. Kurz vor Ende des Krieges wurde das Gebäude von Bomben zerstört.

Pastor Dietrich Bonhoeffer kehrte 1935 nach Deutschland zurück. Er war am Widerstand gegen die Nazis beteiligt und wurde 1943 festgenommen. Im April 1945 töteten ihn die Nazis im Konzentrationslager Flossenbürg.

Max Liebermann war bis 1933 der Präsident der Preußischen Akademie der Künste und außerdem ein berühmter Berliner Sammler und Maler. Als die Akademie die Ausstellung jüdischer Künstler verbot, gab er seine Präsidentschaft ab. Er starb 1935. Sein Tod wurde von deutschen Zeitungen verschwiegen, und die Gestapo versuchte die Leute davon abzuhalten, zu seiner Beerdigung zu gehen. Einhundert führende deutsche Künstler und Schriftsteller ignorierten dieses Verbot.

Die Liebermann-Villa ist auch heute noch am Wannsee zu besichtigen.

Christopher Isherwood verließ 1933 Berlin und wurde ein berühmter Romanautor. Er war homosexuell. Sein bekanntestes Buch *Leb wohl, Berlin* wurde sehr erfolgreich unter dem Titel *Cabaret* verfilmt. Isherwoods Freund Heinz Neddermeyer wurde 1937 von der Gestapo verhaftet und für drei Jahre ins Gefängnis geworfen, weil er nicht in der Armee gedient hatte. Neben Millionen von Juden wurden etwa fünfzehntausend Homosexuelle in den Konzentrationslagern der Nazis ermordet. Christopher Isherwood starb 1986.

Das *Berliner Tageblatt* oder *BT* war eine deutsche Zeitung, die von 1872 bis zu ihrer Schließung durch die Nazis 1939 publiziert wurde.

Die Bücherverbrennung im Mai 1933 wurde von der Deutschen Studentenschaft geplant und durchgeführt. Sie fand in Berlin auf dem ehemaligen Opernplatz statt sowie in 21 weiteren deutschen Universitätsstädten. Die Darstellung der Ereignisse in diesem Buch folgt den persönlichen Erinnerungen von Erich Kästner, die sich teilweise von den historischen Dokumentationen unterscheiden.

Dieses sind einige der Autoren, deren Bücher im Mai 1933 verbrannt wurden:

Unter den deutschsprachigen Autoren, deren Bücher von Studentenführern ins Feuer geworfen wurden, waren Walter Benjamin, Ernst Bloch, Bertolt Brecht, Max Brod, Otto Dix, Alfred Döblin, Albert Einstein, Friedrich Engels, Lion Feuchtwanger, Marieluise Fleißer, Leonhard Frank, Sigmund Freud, Ivan Goll, George Grosz, Jaroslav Hašek, Werner Hegemann, Heinrich Heine, Ödön von Horváth, Heinrich Eduard Jacob, Franz Kafka, Georg Kaiser, Erich Kästner, Alfred Kerr, Egon Erwin Kisch, Siegfried Kracauer, Karl Kraus, Alexander Lernet-Holenia, Theodor Lessing, Karl Liebknecht, Georg Lukács, Rosa Luxemburg, Heinrich Mann, Klaus Mann, Thomas Mann, Ludwig Marcuse, Karl Marx, Robert Musil, Carl von Ossietzky, Erwin Piscator, Alfred Polgar, Erich Maria Remarque, Ludwig Renn, Joachim Ringelnatz, Joseph Roth, Nelly Sachs, Felix Salten, Arthur Schnitzler, Anna Seghers,

Carl Sternheim, Bertha von Suttner, Ernst Toller, Kurt Tucholsky, Jakob Wassermann, Frank Wedekind, Grete Weiskopf, Franz Werfel, Arnold Zweig und Stefan Zweig.

Nicht nur die Werke deutschsprachiger Schriftsteller wurden verbrannt, sondern auch französischer Schriftsteller wie Henri Barbusse, André Gide, Victor Hugo, Romain Rolland; amerikanischer Autoren wie Theodore Dreiser, Ernest Hemingway, Helen Keller, Jack London, John Dos Passos und Upton Sinclair; englischer Autoren wie Joseph Conrad, Aldous Huxley, D. H. Lawrence und H. G. Wells; irischer Autoren wie James Joyce und russischer Autoren wie Isaac Babel, Fjodor M. Dostojewski, Ilja Ehrenburg, Maxim Gorki, Wladimir Iljitsch Lenin, Wladimir Majakowski, Vladimir Nabokov, Leo Tolstoi und Leo Trotzki.

PHILIP KERR ist vielfach ausgezeichneter Autor von über dreißig Büchern, darunter die bekannte Kinderbuchreihe «Die Kinder des Dschinn». Für seine Krimiserie für Erwachsene gewann er gleich mehrere wichtige internationale Preise. Philip Kerr lebte bis zu seinem Tod in London.

Mit seiner rein fiktiven Geschichte um die Figur Erich Kästners – die nichts mit den Geschichten Kästners zu tun hat und keine Fortschreibung von «Emil und die Detektive» darstellen soll – verbeugt sich Philip Kerr auf ganz persönliche Weise vor diesem Autor.

Weitere Titel von Philip Kerr

1984.4

Die schaurigste Geschichte der Welt

Friedrich der Große Detektiv

Geheimmission Mond

Winterpferde

Die Kinder des Dschinn

Das Akhenaten-Abenteuer

Gefangen im Palast von Babylon

Das Rätsel der neunten Kobra

Entführt ins Reich der Dongxi

Das dunkle Erbe der Inka

Der Spion im Himalaya

Die Kristalle des Khan

Die Rowohlt Verlage haben sich zu einer nachhaltigen Buchproduktion verpflichtet. Gemeinsam mit unseren Partnern und Lieferanten setzen wir uns für eine klimaneutrale Buchproduktion ein, die den Erwerb von Klimazertifikaten zur Kompensation des CO_2-Ausstoßes einschließt.

www.klimaneutralerverlag.de

FSC
www.fsc.org
MIX
Papier aus verantwortungsvollen Quellen
FSC® C014496